U0568261

宿州文物

《宿州文物》编写组

文物出版社

北京 · 2008

封面设计　张希广

责任印制　陈　杰

责任校对　陈　婧

责任编辑　冯冬梅

图书在版编目（CIP）数据

　宿州文物/《宿州文物》编写组编.—北京：文物出版
社，2008.1
　ISBN 978-7-5010-2375-2

　I.宿… II.宿… III.文物—简介—宿州市
IV.K872.543

　中国版本图书馆CIP数据核字（2007）第171472号

宿州文物

《宿州文物》编写组

文 物 出 版 社 出 版 发 行
（北京市东直门内北小街2号楼）
邮 政 编 码：100007
http://www.wenwu.com
E-mail:web@wenwu.com

北京文博利奥印刷有限公司制版
文 物 出 版 社 印 刷 厂 印刷
880×1230毫米　32开　印张：9.375　插页：1
2008年1月第1版　2008年1月第1次印刷
ISBN 978-7-5010-2375-2　定价：66元

《宿州文物》编辑委员会

主　任：唐承沛

副主任：吴旭军　刘统海　王子宜　李卫华

委　员：（以姓氏笔画为序）

王从效　王冠群　沈　凌　宋　健

郑锦芝　金启云　赵志柱　高学环

徐　海　韩三华　潘　辉　鞠树超

主　编：鞠树超

副主编：赵志柱　韩三华

撰　稿：（以姓氏笔画为序）

王化民　王　磊　王晓凤　王　侠

刘　学　刘晓春　朱梅青　苏肇平

张贵卿　周水利　姚百栋　赵彦志

高　雷　徐德平　曹从田　韩三华

冀　和

主　笔：海　涛　高正文　侯四明　张贵卿

统　稿：高正文

图　片：武正润　高　雷

编　务：曹从田　吴兆英　康　校

目录

序　言

　　在当代，历史文化资源对于一个地区经济和社会发展的作用日益彰显，也日益受到重视，成为可借力和后劲，成为一个地区全面崛起的重要依托。有理由相信，作为一种不可复制、不可挪移的资源，历史文化的力量将在多方面发挥重要的作用。

　　宿州是一座有着悠久历史和灿烂文化的城市。

　　她是古老的土地：新石器时代这里已经有人类刀耕火种，小山口、古台寺、玉石山、花甲寺、佘家台等展示了新石器早期、大汶口文化、龙山文化的遗存；这里曾生活着徐夷、淮夷等氏族部落，这里也曾建立过宿国、萧国、徐国等诸侯国；这里流传着九鼎沉没于泗水之渊的故事、宋人南迁宿国的故事、徐偃王行仁义之师的故事、萧国大夫大心平宋乱封附庸国的故事；秦汉时，已为"舟车会聚、九州通衢"之地；隋大业年间，开隋唐大运河，遂成"扼汴控淮，当南北要冲"的军事重镇；唐宪宗元和四年（809年）始置"宿州"，此后千余年间，宿州一直是历代州府的治所。

　　她是英雄的土地：不论是朝代的更迭，还是王朝的兴盛，宿州承担着兵家必争之地的重担。中国第一次农民大起义在这里拉开序幕，敲响了暴秦的丧钟；楚汉在这里逐鹿，垓下之战，开创了汉朝盛世；宋金符离鏖兵，这里又是南北交战的前沿；在决定中国历史命运的淮海战役中，解放军浴血宿城，阻黄维兵团于双堆集并歼灭之，为淮海战役的全面胜利奠定了基础。

她是神奇的土地：波浪滔天的黄河水曾经在这里奔流，黄河消失的地方，如雪似海的梨花一望无际；源远流长的隋唐大运河舟楫云集、商贸鼎盛，一度使宿州成为繁华的关津渡口；皇藏峪幽谷林海，古刹名寺，为皖北形胜；大五柳碧波荡漾，湖光山色，呈造化之美；泗滨浮磬，灵璧石鳌头独占，蜚声千载；清雅可人，乐石砚一枝独秀，令人叹赏。

她是文化底蕴深厚的土地：鞭打芦花，打出个中华第一孝；刘伶醉酒，醉出个遗世独立的一代率性名士；霸王别姬，凝固了让人肝肠寸断的历史瞬间；古盟台、涉故台、闵子祠、扶疏亭、汉画像石、霸王城、蕲县古城、九女坟，众多的古迹遗存鳞次栉比，令人赞叹；伫立濉河古原，白居易挥毫写下"野火烧不尽，春风吹又生"的不朽诗句；饮酒宴喜台下，诗仙李白吟咏"月色望不尽，空天交相宜"的优美华章，苏东坡《白土石炭歌》使宿州开采煤炭资源的记录上溯到北宋；赛珍珠《大地》三部曲又使宿州成为世界了解中国的窗口。

如果说一个城市是一棵树，那么人文历史或者说文化遗产就是这棵树的根。如何让根充分发挥作用，使枝繁叶茂，是城市发展和具有发展后劲需要研究解决的重要问题。文化遗产不止令人骄傲，还是发展经济原动力的重要组成部分，那种把文化与经济发展割裂成两条平行线的做法是短视的，也是难以奏效的，只有文化繁荣与经济发展并重，找到两者的交汇点、促进点，发展才能左右逢源。正是站在这一高

度，宿州市委、市政府及市文化局等单位，组织有关专家撰写了《宿州文物》一书。

《宿州文物》以大散文的形式，用饱含深情的笔触，从文物的角度抒写宿州。它串连了散落在古宿州大地的历史珍珠，聚敛了宿州先民留存的文明财富。《宿州文物》不同于志书，它不可能巨细无漏地像照相机一样摄录宿州所有的历史文化遗存，它选择的是最能代表宿州精神、最能体现宿州文明的历史遗存。尽管采撷的只是一朵朵文明的浪花，但是这一朵朵涌起的浪花，巡礼般地展示了宿州波澜壮阔的悠久文明，展示了宿州独特的人文和历史魅力。

文物，这些历史的见证者的陈述让记忆复活，那些已经遥远的文明其实并不遥远。昨天的故事仍然感动着今天！

如今，宿州人正以科学发展观统领经济、社会发展全局，"三个文明"建设、和谐社会建设全面推进，这一大背景下，《宿州文物》的出版无疑正当其时，对继续弘扬宿州历史文化，增强宿州人的自豪感、凝聚力，提高宿州的知名度和美誉度，将起到重要作用。

2007年10月25日

历史的诉说

这里是一片神奇的热土！丰厚的冲积平原下，埋藏着浩如烟海的神秘故事和历史传奇！

这里是一片丰腴的沃土！昨天，古老的黄河曾在这里汹涌澎湃，浊浪排空。"黄河之水天上来，奔流到海不复回"的壮美诗句，正是她的真实写照。母亲河用她充盈的乳汁哺育出"竹林七贤"那落拓不羁的飘逸风骨，哺育出白居易那风流倜傥的满腔才情，也哺育出无数个持戟出战绩、弯弓射天狼的英雄豪杰们彪炳千秋的业绩……正是他们，在历史的星空组成了一个又一个灿烂的星座，照亮了深远而又辽阔的苍穹！

这里，又是一片血染的黄土！古战场上的每一寸土地，都浸染着民族先驱的碧血。在漫长的历史长河中，她无数次地经历过兵车辚辚、战马萧萧的风雪清晨，又无数次饱览过烽烟滚滚、尸横遍野的血色黄昏，苍凉的鼓角铮鸣渐去渐远，终于湮灭在历史烟尘的深处，与此同时，一座又一座由先驱者用英魂构建起来的历史制高点，在茫茫血海中浮现出来。登临这些巍峨的制高点俯视历史，八千年的血火历程，尽收眼底……古盟台上，吴鲁会盟，两国握手言和，化干戈为玉帛，消除了一场一触即发的战争危机，黎民百姓逃脱了一次无辜的杀戮，这一历史事件，在春秋时期传为佳话；涉故台上，陈胜、吴广领导秦末农民大起义震天撼地的一声惊雷，在跨越两千年的历史风云之后，被一代伟人毛泽东化作了"更陈王奋起挥黄钺"的壮丽诗篇；暴秦既灭，楚汉相争的战火又起，就是在这个古战场的垓下一战，终于结束了旷日持久的腥风血雨……到了近代，在"万众一心，冒着敌人的炮火前进"的抗日战争中，新四军第四师的健儿们在这里浴血奋战，与日寇展开殊死的搏斗，建立了皖东北抗日根据地，在漫漫长夜的拂晓，吹响了催生新中国诞生的号角；接下来，震惊中外的淮海战役拉开了战幕，中国人民解放军用轰鸣的礼炮和漫天礼花，奠定了建立新中国的基石，举行了一次永垂青史的奠基仪式……

发生在这片土地上的每一个伟大的历史事件，都改写了中国的历史，都使得中华民族的命运发生了巨大的转折，并且有力地推动了历史的进程！

这里，就是我们的故土——宿州！

这里，就是与中华民族的命运息息相关的宿州！

而古宿州悠远而又绵长的历史，是靠什么来见证的呢？毋容置疑的答案是：文物！

从砀山县的燕喜台，到萧县的花甲寺、大蔡庄，从埇桥区的小山口、古台寺，到灵璧县的三山蒋庙和泗县的佘家台，一次又一次的考古发掘雄辩地表明：早在新石器时期的早期，这里就已经是部落丛聚、人烟稠密的先民摇篮了。他们在这片黄土地上茹毛饮血、刀耕火种、繁衍生息、顽强地延续着一个民族的生命……同时，先民们用勤劳和智慧，创造着灿烂的古代文明。出土的大量石斧、蚌刀、骨针、陶网坠、绳纹陶片、鬲足、鼎足、鹿角化石等文物，用它们无声的语言，向我们诉说着先民们与大自然勇敢搏斗的艰辛与欢乐。根据科学的推断，这些先民生活的年代，距今大约有七八千年的时空。多么遥远而又漫长的历史啊！

文物，是先民们遗留给我们的一个个民族演进的足迹！

文物，是先哲圣贤们为中华民族镌刻的一道道金色的年轮！

文物，就是历史最生动的见证！

让我们凭借着这些光芒璀璨的文物，沿着历史的长河溯源而上，去感知我们的先人深邃的思想和他们圣洁的灵魂吧！

古遗址

文明的曙光——小山口遗址

小山口遗址位于宿州市埇桥区曹村镇小山口村北1公里处，西部紧邻萧县，北部邻江苏省铜山县，东部靠京沪铁路。遗址地势平坦，面积约3万平方米。其西侧有一条河叫倒流河，东部有几座山峦，依山傍水的自然环境为先民的繁衍生息提供了优越条件。那就让时光随着倒流河的河水一起"倒流"吧，小山口遗址会给我们怎样的揭示呢！

20世纪七八十年代，小山口附近的村民雨后经常能在遗址西北部拾到小件玉器（如玉管、玉璜等）。80年代中期文物普查时将其定为一处新石器时代遗址。1990年春，中国社会科学考古研究所再次对其调查，并于1991年秋对小山口遗址进行发掘。发现该遗址含新石器早期、大汶口文化和晚期龙山文化遗存，而且文化层丰富，出土遗物较多，为探寻皖北地区新石器文化发展演化提供了丰富的实物资料。

1991年发掘面积较小，仅发掘探沟一条（3米×10米），没有揭示整个遗址全貌。文化层内发现新石器早期灰坑1个，大汶口文化时期墓葬1

安徽省重点文物保护单位——小山口遗址

座和龙山文化时期灰坑2个。早期文化遗物主要有陶器、石器和骨角器。陶器多为夹砂红陶，火候低，较松软，陶胎粗厚，以素面为主，均为手制。器形有罐、钵、杯和支座等。石器有刮削器、尖状器、石锛、石斧及磨盘、磨棒。骨角器则有骨笄、骨管和骨锥等，数量不多，遗址发掘部分的大汶口文化层较薄，出土器物较少，但器物已较规整并出现彩绘陶器。小山口遗址的龙山文化遗物出土较多，以陶器、骨器为主，石器较少。龙山文化陶器多为泥质陶或黑陶，红陶和白陶较少。此时陶器制作已普遍使用轮制，胎薄而硬，器形极为规整美观，数量较多的磨光黑陶体现了新石器时代制陶技术的顶峰。龙山文化陶器不仅器物表面多有纹饰，包括绳纹、弦纹、篮纹、按压纹、堆纹等，骨角器种类也较多并且制作精美，有骨锥、骨管、骨匕、骨镞、骨针和骨凿等。从小山口遗址出土的新石器早期到晚期龙山文化遗物，我们看到器物的数量和种类不断增加，而且制作质量和精美程度也不断提高，这反映了先民经过长期实践劳动，其生产技术和生活水平不断提高，同时也反映了先民经过长期积累，社会生活的审美意识和审美情趣也在不断发展提高。

面对这些出土文物，我们是如何解读历史的呢？首先，我们看到了原始农业的发展。距今1.3万年前，末次冰期结束，全球气候逐渐变暖。气候的变化为各种可食用植物的生长提供了条件，人类食物中的植物性食物比例逐渐增加，采集在人类生活中占据越来越重要的位置。旧石器时代晚期，石器的细小化，便是这种情况的反映。距今1万年左右到距今6000年时，地球气温开始持续上升，气候的变暖和可食用植物采集业的发展，为植物栽培的出现奠定了基础。其具体过程是：人们从发现和利用野生的植物（如野生稻和野生粟）到对它们重点给予关注和管理，最后发展成为对稻和粟等作物的栽培，原始农业就产生了。根据河姆渡文化提供的资料，我国南方地区植物栽培的出现可能接近距今1万年。原始农业与陶器的出现和磨制石器的出现大体同步，三者之间当有某些联系。陶器的出现应与自然环境的变化有关，更直接的可能是与人们的食物结构的变化有关，即植物性食物在人们饮食生活中所占比重增大，及其所导致的烹调方式的变化和储存食物的需求有关。另外,陶器的出现也与人们的定居生活有关。

当时,宿州人虽然已经有了农业生产,但野外采集和打猎仍是史前人类生活中一项重要的内容。在小山口遗址出土大量骨角器及各种动物骨骼,说明新石器早期渔猎经济占有重要地位。当时淮北地区气候温暖湿润,各种动物出没平原山林之中,为先民提供了良好的食物来源,部落中的妇女和小孩下河捉鱼拾蚌,成年男子则去狩猎。遗址出土大量鹿制品及骨骼,说明鹿是先民当时重要的猎食对象。遗址出土的石斧、石锛、石刀及石磨盘、磨棒,则说明农业生产也在不断发展,而随着农业的发展,畜牧业也得到发展,当时先民已开始饲养狗、猪、牛、羊等各种家畜了。

小山口遗址包含新石器早、中、晚三个时期的文化遗存,对于进一步研究淮北地区大汶口文化和龙山文化,特别是淮北地区新石器早期文化的面貌和性质提供了丰富的实物资料,填补了我市新石器早期文化研究的空白。经中国社会科学院考古研究所碳十四测定,小山口早期文化分别为公元前6077~前5700年和公元前5958~前5650年,距今约8000年,是已确定的安徽省最早的新石器早期文化,目前暂定为"小山口一期文化"。小山口遗址不仅在我省新石器时代考古研究中占有重要地位,而且对于研究淮河流域新石器文化与周边地区特别是与黄河中下游新石器文化的区别和联系也具有重要价值。2005年,小山口遗址已被公布为安徽省重点文物保护单位。

王吉怀、吴加安和梁中合在《安徽宿县小山口和古台寺遗址试掘简报》中指出:"小山口遗址包括了新石器时代早期、大汶口文化、龙山文化三个时期的遗存;古台寺遗址包括了新石器时代早期和大汶口文化两个时期的遗存。这两个遗址的发掘,对进一步认识皖北地区大汶口、龙山文化的面貌性质,提供了丰富的实物资料,同时也填写了这一地区新石器时代早期文化的空白。"

考古发掘报告说:"小山口和古台寺的新石器时代早期遗存的文化

面貌有许多相同之处，二者的陶器均为手制，火候低，陶质软，制作粗糙，以夹砂红褐陶为主，其中夹蚌片、夹草木灰的陶片占较高的比例。陶色不纯，有的呈橘黄色，有的呈灰褐色，但多以外红内黑为特点。两遗址在陶质数量上的百分比较接近。例如，小山口遗址的夹砂红陶占陶片总数的89%，古台寺占91%；小山口泥质红陶占11%，古台寺占8%；小山口和古台寺的夹蚌和夹草木灰陶片分别占3%和4%；两遗址有陶衣的各占2%。陶器以素面为主，纹饰较简单，主要有附加堆纹、指甲纹及戳印纹。器形单调，直口器和口沿外有一周凸棱比较普遍，釜、钵、碗等为基本器物组合。据此，小山口遗址和古台寺遗址的早期遗存应属同一文化类型。"

中国社会科学院考古研究所副所长高广仁和研究员邵望平在《淮河流域史前文化的发展阶段及裴李岗文化的主源性》一文中指出，"淮系文化第一阶段以裴李岗文化为主源性。安徽宿州小山口一期文化是淮河流域很早的一支原始文化，它与裴李岗文化似无明显的接触。鲁北的后李文化是否分布到鲁中南的淮河流域，目前尚无直接证据，但它至少是与淮系文化接触、融合最早的一支原始文化。"考古学家所讲的"淮系文化"以淮河流域，包括河南中南部、安徽淮北和江淮之间、苏北以及鲁中南淮河支流泗、沂等河流域，为主要历史舞台，在漫长的发展过程中还分迁到豫西南、鄂西北、皖西南、鄂东乃至长江南岸。淮河流域诸史前文化之间有着直接或间接的内在联系，发展阶段也大体表现了同步性。他们在文章中指出，"仰韶文化由关中、豫西渐次东来，使裴李岗文化发生了分化：一部分留在原地与仰韶文化结合，形成了具有两源特色的仰韶文化新类型。《郑州大河村》报告称，仰韶文化前三期的一些特征明显地继承了裴李岗文化的因素，后四期具有明显的仰韶文化因素，但鼎类始终存在。一部分裴李岗人或文化影响，沿颍、涡等淮河支流向东南方向迁移、传播，绕过当时的豫东低洼地带，到达淮河下游的泗、沂流域，在地利甚好的泰山山前平原和苏北残丘地带落地生根，发展起了北辛文化，并向周围分迁、传播，与后李文化等土著文化融合、重组，形成了北辛文化的几个地方类型。北辛文化进一步发展为早期的大汶口文化。在向东分迁、传播过程中，可能与宿州小山口一期遗存相结合，形成了安徽淮北的濉溪石山子文化（以该遗址第二期遗存为主）——后铁营类型文化，这一系统与北辛文化、大汶口文化早期遗存年代相当，并有不少相似因素。与此同时或稍早，淮南丘陵地区滋长起侯家寨文化"。这是考古界关于史前"淮河文化大系"最全面也最具体的推断了。宿州小山口和古台寺遗存在史前"淮河文化大系"中的源头地位，考古学家已经讲得再明白不过了。王吉怀、吴加安和梁中合在《安徽宿县小山口和古台寺遗址试掘简报》中也明确地指出，"以小山口为代表的早期遗存，在淮北地区有一定的分布，它们是皖北地区带有明显特征的一种新的文化类型，代表了该地区新石器时期较早的一个发展阶段。我们暂时称之为'小山口一期文化'。"

"小山口一期文化"，与裴李岗文化同一时期，甚至早于裴李岗文化。"小山口一期文化是皖北地区带有明显特征的一种新的文化类型"，考古大家的结论足以让宿州人感到骄傲和自豪。

古台寺怀古

不久前，中国社会科学院的几位历史学家从南方返回北京途中，特地从宿州下车，要求去古台寺看一看。到了古台寺，他们显得非常激动，拍了许多照片，有一位年轻的考古专家还抓起了一把土，紧紧贴在自己的胸口。一位老者也拿信封装了一把土，他说："古台寺比古还古，8000年前，这里的土地曾经滋生华夏文明，说明这里的地气有仙气，而仙气就是灵气，只有地灵才有人杰啊！"

是的，古台寺现在看起来也还有灵气。虽然古台寺已经古得没人知道它的历史；虽然古台上的寺庙香火早断，而且寺庙本身已经荡然无存；虽然寺庙旧址周围没有一棵成百上千年的古树，但古台寺到处都有土陶器的碎片。那土陶可是宿州的先人8000年前自己烧制的，那碎片见证的不仅仅是历史，而是人类文明的发展。哦，土陶不土、碎片不碎啊！

古台寺遗址位于埇桥区曹村镇么庄村南约200米，与小山口遗址相距10公里。古台寺遗址西边是京沪铁路，东边是206国道。遗址高出地面约10米，南北长约300米，东西宽200米，总面积至少有6万平方米。"小山口遗址的地层堆积包括了龙山文化、大汶口文化、新石器时代早期文化"。而古台寺遗址层堆积除耕土层外，"则包括了汉代堆积、大汶口文化堆积和早期新石器时代文化堆积"。

考古发掘报告说："小山口和古台寺的新石器时代早期遗存的文化面貌有许多相同之处，二者的陶器均为手制，火候低，陶质软，制作粗糙，以夹砂红褐陶为主，其中夹蚌片、夹草木灰的陶片占较高的比例。陶色不纯，有的呈橘黄色，有的呈灰褐色，但多以外红内黑为特点。两遗址在陶质数量上的百分比较接近。例如，小山口遗址的夹砂红陶占陶片总数的89%，古台寺占91%；小山口泥质红陶占11%，古台寺占8%；小山口和古台寺的夹蚌和夹草木灰陶片分别占3%和4%；两遗址有陶衣的各占2%。陶器以素面为主，纹饰较简单，主要有附加堆纹、指甲纹及戳印纹。器形单调，直口器和口沿外有一周凸棱比较普遍，釜、钵、碗等为

安徽省重点文物保护单位——古台寺遗址

基本器物组合。据此，小山口遗址和古台寺遗址的早期遗存应属同一文化类型。"

中国社会科学院考古研究所20世纪70年代中期曾对宿州及其周边地区的新石器时代遗址进行过一次全面普查，80年代末和90年代初相继对宿州的小山口、古台寺、芦城孜、灵璧的玉石山、濉溪的石山子、安郎寺等遗址进行了一定规模的发掘。其中主持宿州的小山口和古台寺遗址发掘的就是中国社会科学院考古研究所研究员吴加安和中国社会科学院考古研究所研究员王吉怀、梁中合。强大的专家阵容，足以表明小山口和古台寺文化遗址的发掘意义，它是国家考古领域重点研究课题，对弄清苏、鲁、豫、皖史前文化的类型、特征、分布、分期和发展，及与相邻地区史前文化的关系，有着重要作用。吴加安先生在一篇论文中谈宿州古遗址的文化意义时指出，"宿州小山口遗址、古台寺遗址发掘的最大收获，是发现了皖北早期新石器文化与大汶口文化的地层依据，濉溪石山子遗址的发掘，也揭露出早于大汶口文化遗存在皖北存在的事实。综合分析上述遗址中的地层关系，基本建立了皖北史前考古文化发展相对关系在地层上的依据。"这段话的通俗涵义是，宿州小山口遗址、古台寺遗址和濉溪石山子遗址既发现了属于裴李岗文化的地层，也发现了叠压在这一地层之上的大汶口文化地层，甚至还发现了叠压在大汶口文化地层地上的龙山文化地层。

考古学界的主导认识一直是把中国的史前文化分为长江、黄河两大文化区域，而淮河流域的史前文化只是长江、黄河两大文化系统的交汇，具有中介性质，并习惯地把属于淮河流域的河南中、南部和山东的中、南部视为黄河流域，把淮系裴李岗文化和西来的仰韶文化简单地串为一脉相承。但宿州小山口、古台寺及其周边地区大量新石器遗址，尤其是蒙城尉迟寺遗址的考古发现，已经初步证明淮河流域存在着一个完整的、相对独立的"淮河文化大系"。史学家们以新视角审视淮河文化大系是对中国史前文化结构研究的重要调整与修正，并理顺了淮系文化发展的脉络，从一个侧面展示了华夏古文明多元发展的光辉之路。

在宿州古台寺遗址发掘的同时，安徽省考古队对濉溪石山子遗址也进行了发掘。石山子也是新石器早期文化遗址，距今7000多年，那里的山被誉为"飞来峰"，有"险、峭、怪"独特的风格，山上有"锣鼓洞"和二郎神担山留下的足印，十里长山山清水秀，有"三山夹一井，九路通庙门"的美景。古台寺、小山口、石山子三点相距都不足20公里，可见七八千年前，古台寺一带非常适合人群居住，如今我们虽然看到的只是一些土陶碎片，但先人们当时和谐的生活画面已经浮现在我们面前，从而使我们失去了8000年时空的距离感，触摸那土陶碎片，仿佛还能感受到先民们的体温。

当我们站在宿州古台寺上，面对今天的古台村，思绪已经跨越了8000年的时空，完全置身于8000年前原始人的田园生活环境中。已经相隔了8000年的田园生活，似乎还在散发着原始民族的生活气息，人类历史是利用手中那简陋的工具顽强不懈地发展着古老到现在。站在21世纪的今天，回首8000年前的原始生活，好像并不那么遥远。

在古台寺遗址和石山子遗址的发掘中都发现了几件像小茶杯一样的器皿和残件，考古专家称之为"盅形器"，杯的底径有5厘米左右，器壁厚约1厘米，质地为夹砂红褐陶。为了烧制时不炸裂，先民们在陶土里加了云母或沙子，以增加耐热急变性能。器形就像皖北农村常吃的窝窝头，连手捏的又粗又深的指纹印也清晰可辨，足见原始杯盏的朴拙之风。当时，宿州先民们刚从茹毛饮血的旧石器时代步入新石器时代，"盅形器"的出土很容易让我们产生两个联想：一是那个时候，先民们很可能会蒸窝窝头了，不然"盅形器"的形状怎么会像窝窝头呢；二是那个时代已经有了酒，"盅形器"就是先民们用来喝酒的酒杯。这是考古专家的推断，如果这个推断被史学界普遍认可的话，那么，淮北地区的酿酒史将推前至新石器早期。我们可以自豪地向世人宣布，中国的酒文化源远流长，宿州是它的源头之一！

对于黄河流域是我国文明的摇篮的传统说法，20世纪60年代夏鼐曾提出过质疑，随着考古事业的发展，人们的眼界进一步开阔，80年代以来，一批学者在论文论著中作了系统的批驳。他们认为在黄河流域古代文化不断发展的同时，其他地区（尤其是长江中下游地区）的古文化以各自的特点和途径发展着，形成了高度发达、丰富多彩、相互影响又相对独立的不同的史前文化系统。在距今4000多年前，中华两大流域中下游的史前文化融成夏商文化为代表的中华最早文明。中华文明是本地起源的，而中华文明在本地范围内又是多源的、多根系的，有更为广泛而深厚的基础，著名考古学家苏秉琦先生就曾提出过中华文明发展的"满天星斗"说。从这个意义上讲，在以裴李岗文化为代表的"黄河文明"和以"河姆渡文化"为代表的长江文明在中国南北方蓬勃发展的时候，以宿州"小山口文化"和"古台寺文化"为象征意义的淮河文明也已经悄然兴起。

文化层次越高的人，越想回顾历史；经济生活越丰裕的人，越要追求文化。物质的东西是很单调的，而只有历史这个文化，几千年也咀嚼不透。那就让我们站在宿州古台寺上一起咀嚼淮河文化的历史吧，这里不是淮河的源头，却是"淮河文化大系"的源头！

走近花甲寺

花甲寺遗址位于安徽省萧县白土镇花甲寺自然村东，距县城12.5公里。花甲寺历经几多花甲，是数百个还是上千个，恐怕我们今天也很难给个准确的答案。

花甲寺遗址是20世纪60年代在皖北地区发现最早的大汶口文化遗存。遗址面积约6万平方米。原为一台形，后为一寺庙，现为农田。遗址四面环山。1957年倒流河改道穿过该遗址，分割为东西两部分。1960年12月12日，安徽省博物馆胡悦谦、葛介屏来萧县调查征集文物时，在花甲寺遗址西段采集到彩陶片，在东段采集到残穿孔石斧一件。为搞清该遗址的文化属性，15日，在东段的西部开南北4米×3米探沟一条（T1），16日又在T1的西面开东西3米×2米探沟一条（T2），发掘面积

18平方米，1961年1月8日试掘工作结束。

　　探沟1：耕土层厚25厘米，土质松软，灰黄色，下层未被扰乱，厚约50厘米。为灰花土，土质较硬，含有很多的木炭渣粒。出土遗物有蚌刀、小石刀、残石斧各一件及彩陶片，还有少量的贝壳、田螺壳和兽骨等。探沟2：文化层厚55厘米。第一层，为地表层。土质较硬，黄褐色。第二层，为灰土层。土质松软，包含大量田螺壳、龟甲片，有三件蚌簇和黑、灰、红、白等陶片土。第三层上部为一层灰白色木质灰烬，下有层坚硬的红烧土层。灰烬中包含大量木质黑炭屑。出土陶片以陶杯类最多，其次为陶鼎、陶罐等类。两沟的土质虽然有不同，但从陶片的陶质、陶色、纹饰和器形分析，属同一个类型的文化遗址，为同一个时期的文化遗存。花甲寺遗址试掘出土的遗物有石凿、有孔石斧、有段石锛、骨器、刮削器、石箭镞、骨针、化石、陶纺轮、网坠等大量遗物。从器形、制作手法、陶质、陶色、纹饰等方面都含有大汶口文化和龙山文化的特征。如：泥质黑陶I式高足杯、泥质黑陶II式高足杯和红砂陶，泥质红陶I式高足杯，在山东的曲阜东南亚位庄、安丘景芝镇、宁阳大汶口和曲阜西夏侯等大汶口文化遗存中，都发现有同类型的遗物，又可证明花甲寺遗址还含有大汶口文化的某些特征。典型的蛋壳黑陶壁薄至1毫米。胎壁转角有显著的凸棱，素面黑陶表面打磨光亮。泥质黑陶盆、钵和鼎，都是龙山文化中常见的器形。同时又在被挖除的上层灰土层中发现商代尖锥形高足尖的灰陶鬲足。由此可证实上层为商代文化，下层要早于商代。

　　安徽省考古研究所于1990年对该遗址再次进行了考古调查。在遗址的地表及断面暴露遗物较丰富，采集的陶片以夹砂黄褐陶为主，其余均为泥质灰陶，能识别器形的有豆、罐、杯、盆、壶、鼎足、鬲足等，纹饰有彩绘、篮纹、条纹、方格纹、附加堆纹、划纹、绳纹等。

　　1981年9月8日，萧县花甲寺新石器遗址被安徽省人民政府公布为全省第一批重点文物保护单位。保护范围：以标志碑为中心，东西南北各100米。建设控制地带：保护范围外，东西南北各260米。

从两次对花甲寺遗址的试掘及调查资料中不难看出，花甲寺遗址从大汶口文化、龙山文化至商周时期的文化遗存均相当丰富。萧县花甲寺新石器遗址是安徽淮北地区史前历史具证，为研究萧县及至皖北地区史前的历史文化面貌、性质、特点，提供了重要的依据。

花甲寺遗址磨制石器中的石斧和石锛的出现，与人们砍伐森林和修建房屋的需求增长不无关系。砍伐森林的目的，一方面是为了修建房屋，更重要的是与栽培农业所必需的土地开垦有关。淮河流域的先人们是最会修建房屋的，红烧土排房就是他们的一个创造，在中国古代建筑史上具有划时代的意义。这种红烧土排房在萧县花甲寺遗址出现过，最壮观的当数蒙城县尉迟寺遗址，那里发现了中国原始第一村。房子都是以单间独立，无套间发现，又以两间、四间、五间、六间组成一排，形成一个布局严谨，分中有合、合中有分的聚落整体。花甲寺遗址属于新石器晚期遗址，比小山口和古台寺遗址晚了两三千年，人类的文明已经大大前进了一步。

距离花甲寺遗址不远，位于萧县县城东南40公里的庄里乡，还有著名的金寨遗址。金寨村东南有一水塘，很早以前就有"玉石塘"之称。在1958年兴修水利挖塘时，曾经挖出玉环、玉瑗、玉璜、玉管（当地人称"玉石碌"）。1985年村民卢正芬、卢正芳在挖土翻地时挖出一批玉器，有玉锥形器、玉刀形器、玉璧、玉石碌、玉片、绿松石，及有段石锛、有孔石斧等。文化层存约2.5米，地表随处可见鼎足盆、钵、缸、鬲足、鬹、蛋壳黑陶片等。

在"玉石塘"北壁断面上有明显红烧土层向北延伸，应为居住区。塘东端为墓葬区，墓葬一般距地表深1.7米左右。根据出土遗物蛋壳黑陶片、鼎足、盆、钵、缸等遗物来分析应为龙山文化早期遗物，陶质以夹砂陶为主，泥质灰陶次之，纹饰以锥纹、弦纹为主，玉锥形器、玉刀形器、玉琮应为部落首领的一种威严和掌握政权的象征。

金寨玉器的成型，选料研磨、抛光、打孔工艺水平都较高，孔一般采用单面钻孔技术，双面钻孔次之。从玉锥形器的神人兽面纹饰来看，说明这一时期的玉器制作工艺技术已趋于成熟。玉锥形器与浙江余杭大坟M2、花厅M18：1、M61：1出土的玉锥形器完全相似，与良渚玉器的影响密切相关。而馆藏金寨出土的陶鬲，陶质为夹砂灰陶，饰绳纹，为商周时期遗物，而青铜矛、青铜戈属春秋战国遗物，在遗址中还发现汉代的板瓦、罐、壶、鼎等。经综合分析，金寨遗址的文化性质为大汶口早期偏晚经龙山文化，商周、春秋战国延至汉代。文化内涵较丰富。1990年，安徽省考古研究所张敬国、贾庆元、何长风、胡欣民等对金寨遗址进行了考古调查。随后1991年9月至11月，安徽省考古所由张敬国领队，发掘了萧县金寨遗址，共揭露面积600平方米，发现灰坑8个，墓葬6座，出土文物50余件。金寨遗址的年代延续较长，要真正搞清各个时期的文化面貌，还有待进一步考古发掘研究。2005年8月，金寨遗址被萧县人民政府公布为第二批县级重点文物保护单位。其保护范围：以遗址中心为基点，东西各160米，南北各120米。建设控制地带：保护范围外，东西南北各100米。

萧县历史悠久，花甲寺遗址和金寨遗址是历史的见证，也是历史的馈赠。吴加安先生在一篇论文中指出："萧县花甲寺遗址，是皖北地区最早经过发掘的大汶口文化遗存。第一次提供了大汶口文化分布可能进入皖北的资料，同时也提供了该类遗存早于当地龙山文化的地层证据。"考古学家是严谨的，推断一个古遗址的年代及其文化意义，往往从该遗址出土文物和地层文化关系两个方面结合起来加以认定。萧县的花甲寺遗址和金寨遗址能为考古专家们提供"皖北史前考古文化发展相对关系在地层上的依据"，这是萧县对历史文明的贡献！

从玉石山到佘家台

宿州市较有影响的新石器时期遗址除了萧县的花甲寺遗址、金寨遗址，埇桥区的小山口、古台寺遗址，还有灵璧的玉石山遗址、三山蒋庙遗址和泗县的佘家台遗址。

玉石山遗址在灵璧县城西南10公里处的玉石山，面积为0.5平方公里。遗址东为龙山，呈东高西低。此处遗址是在1983年夏季，由县文物组在文物普查时发现的。地表暴露遗物有石器（已残）、鼎足、鬲足、鹿角、陶棒、绳纹陶片。陶鼎侈口，足呈圆锥状，在压印痕三道，还有叶脉纹陶拍。陶鬲鼓腹，粗短足，呈乳顶状，陶质坚硬，红胎，多系手制。其文化面貌，有自己的独特风格。该遗址被批准为省级文物保护单位。

三山蒋庙遗址在灵璧县三山南麓的蒋庙村附近，距离县城仅9公里。地形东高西低，呈慢坡状。该遗址是在1954年由安徽省文化工作队发现。1966年春，省文物工作队进行试发掘，该遗址先后出土文物有石斧、蚌刀、骨针、陶网坠、绳纹陶片、鬲、鼎、动物骨骼等。遗址出土文物绝大部分收藏于安徽省博物馆，灵璧县文物管理所收藏一部分。

三山蒋庙遗址文化层较深，内涵丰富，延续时间长，属新石器时代晚期遗址。距今有四五千年历史。1956年由省人民政府公布为省级重点文物保护单位。

灵璧县这两处古遗址一在城东，一在城西，距离县城都很近。虽然同属新石器晚期遗址，出土文物却有差别。灵璧、泗县乃至整个宿州都地处我国南北两方的分界线，这与南北文化相互交融而在此形成交汇有着密切关系。人类发展的历史证明，开放的社会比封闭的社会更具有发展的活力，文化的交流与互动是促进人类进步、社会发展最重要的因素之一。中国科技大学科技考古研究室利用岩相鉴定及等离子体发射光谱（ICP），对灵璧和宿州各遗址出土的带有刻划符号的大口尊陶器在矿物稀土元素、地球化学及微结构方面进行分析研究，认定这些陶器是当地取土、当地生产。尽管它们与大汶口文化有相同的文化特征，但不是贸易往来和交换的结果，而是文化渗透、交融所致。从这个意义上说，皖北地理位置上处于南北自然区划的交接地带，也是黄河流域与长江流域、东部沿海与西部腹地古代文化相互交流与碰撞的一个重要区域。皖北地区史前文化面貌所反映出的与南北同期文化交流的迹象十分普遍。

宿州众多古遗址，让我们看到了古老文化交流的轨迹在广阔的淮北平原划出的一个漂亮的弧线，彰显着华夏传统文化相互交流的恢弘气势。

泗县城西12公里处的瓦韩乡秦桥村南1公里，唐河北岸，有一台地，名曰佘家台。佘家台四周平坦，中间逐渐高起，形成台地，台高约5米，面积10000平方米。

当地传说，佘家台因北宋时佘老太君为抗击外敌，曾在此处操练兵马、点兵遣将而得名。距佘家台不远处的草沟镇，还有一高台名为杨家台，相传是因杨老令公曾在此台点将而得名。

佘家台地势较高，土地肥沃，南靠唐河，非常适合人类居住、生活。观其台面，散落着许多灰色的绳纹、雷纹、细条纹等陶器残片和鬲足。唐河从西南侧穿过，切断台地，暴露出文化层。文化层厚约3米，文化内涵丰富，上层为耕土层，夹杂着陶器残片，中层陶器残片丰富并伴有灰土，下层有大量的鹿角、蚌壳和其他动物骨骼。

在佘家台遗址内，曾出土有石斧、石刀、石镰、石狗、削刮器、骨针、陶纺轮、动物骨骼和大量的陶器残片。经省考古队鉴定，佘家台为新时器晚期遗址。

佘家台遗址是泗县目前所发现的最重要的遗址之一，距离现在4000年左右。1981年，泗县人民政府将佘家台遗址公布为县级文物保护单位。

特别值得一提的是，佘家台遗址陶纺轮的出土，说明泗州的先人早在4000年前就学会了纺织，人们可以把含有棉质品、麻质品的纤维植物捻成线，织出最原始的布。在发展衣着的同时，人们也在美化自己，他们用吃剩下的蚌壳磨制出漂亮的蚌饰，用玉石磨制出精美的玉坠，这是我们的祖先在审美意识上的发展。白天，男人们出去打猎、采集、耕种，女人们则在家纺线、织布。男耕女织，多浪漫的原始生活啊！正是在这种浪漫的原始生活中，完成了母系社会向父系社会的过渡。我们从中已经看到了文明的曙光。从遗址中所表现的文化内容来说，它已经具备了文明时代的众多因素，或者说此时已经迈入了文明的门槛。

在宿州地区众多遗址的发掘中，出土的文化遗物，按质料分有石、骨、蚌、角和陶器等，石器和骨器大部分加工精细，器表经过磨光，钻孔技术成熟，器形规整。具有典型特征的生产和生活用具有：石铲、楔形石锛、石刀、骨凿、蚌刀和蚌镰。在出土的各种器物中，陶器数量最多、形制稳定、特点突出：陶器制作主要是手制，采用泥条盘筑法，小型器物直接捏塑而成。普遍采用分段制作然后组装的工艺技术。器口、器耳、器足等先预制，再与器体套接或按捏上去。长颈壶、罐等器采取的是分段粘对法，壶颈与壶身是分别预制，然后再行粘对，外表抹平，有些器的内壁往往留下粘接痕。陶器按质料分为夹砂和泥质两大类，夹砂陶中有羼和少量碎蚌壳的现象。夹砂陶有夹粗砂和夹细砂之分。陶色主要以红色和灰色为基本色调，分为红褐、灰褐和浅灰色，另外还有橙黄、灰黑和褐色等几种。夹砂陶以红褐陶为主，其次是灰褐陶和灰陶，还有一定数量棕褐陶。泥质陶以灰陶和黑陶为主，还有一定数量的红陶和少量的白陶，灰陶中有些为浅灰色，黑陶多为磨光陶。陶器器形主要是三足器、平底器和圈足器，圆底器极少见。流行流口、把手、颈、三足、附耳、带柄等，遗址中出土大量的器盖，说明带盖器类普遍使用。主要器物有鼎、罐、长颈壶、短颈壶、高柄杯、缸、尊、钵、碗、盆、豆、甑、筒形杯、器盖等。其中有不少出土的陶器已被列为国家珍贵文物。正是这些文物奠定了"淮系文化"的基础。

从小山口到花甲寺，再从玉石山到佘家台，许多遗址中都可以清晰地看到用稻壳、稻草拌泥的现象，同时，专家通过孢粉分析和灰象法，也证实了以上农作物的存在，有的用肉眼能看到粟（小米）的炭化颗粒。一般认为，大米是南方的特产，是一种喜水的农作物，而小米则是北方的特产，属于旱地农作物。为什么在皖北遗址能够同时存在具有南北两方特点的农作物呢？这应该与地理条件紧密相连。黄淮地区是我国南北两方的自然分界线，今天，仍然有人还把这一地区称为南方的北方或北方的南方，可见，宿州一带具有优越的地理环境和良好的气候条件，既适合喜水农作物的生长，也可从事旱地农作物的栽培，使原始农业在这里得到了迅速的发展。

我们知道,稻作物在我国南方地区起源很早,在距今8000年左右的彭头山文化中,发现大量稻壳、稻谷和其他有机物。从这一现象来看,表明华南地区当时已经出现了稻作农业,这是我国乃至世界上已知最早的稻作农业遗迹之一。而长江下游的河姆渡文化,距今7500多年,当时的稻作农业已经发展到了一定的规模。河姆渡文化的稻谷遗存为世界最古老的人工栽培稻实物之一。除发现了稻谷的炭化实体外,通常也在陶胎中发现有稻壳、茎、叶的屑和料,并在陶器上刻划着稻穗纹图案。北方地区,在黄河流域较多的新石器时代早期遗存中,都普遍发现了粟类农作物遗存,黄河上游的大地湾文化,中原地区的裴李岗文化、磁山文化、黄河下游的后李文化等,都发现了粟类作物,说明在距今七八千年以前,旱地作物已在黄河流域被人类所传播,正好在我国南北两方的分界线黄淮地区形成交汇。所以,宿州遗址的农业文化既有地理条件的优势,又有文化传播的因素。

追古抚今,我们更加珍视社会开放的原则,因为这有利于交流和进步。考古研究给出的答案可能不是终极真理,但却是生动实在的。宿州,不仅是文明的摇篮,也早已敞开自己开放的胸襟!

沧桑古虹城

虹城遗址位于泗县城中心,现一环路为原虹县城的城墙改建。

据《泗虹合志》记载,夏时,禹分天下为九州,虹属徐州;春秋,虹属楚;唐武德四年,虹属泗州;乾元元年,虹属宿州;后泗州迁于虹。

说到泗州迁移于虹,我们便自然而然地想起那个水母娘娘沉泗洲的传说,和比传说要悲凉得多的历史史实。

泗州故城地处洪泽与淮河交汇口,历史上曾是一座繁华、古老的名城。当年泗州城内景色秀丽,有"禹王台晓月""长淮水浮烟""灵瑞塔朝霞"等十大名胜。清康熙十九年,即1680年,因黄河夺淮,洪泽湖水泛滥,泗州城沉入湖底,成了"中国的庞贝城之谜"。

庞贝是古罗马帝国最繁荣的城市，流向那不勒斯湾的萨尔诺河绕庞贝而过，连接起古罗马帝国与世界各地的贸易往来。公元79年8月24日，那不勒斯以东的维苏威火山惊天动地地爆发，仅仅18个小时，火山喷出的炙烫的岩浆裹挟着碎石和灰尘，便把庞贝整座城市硬生生地埋在了下面，数万人的生命和自己的城市一同消失了。

时隔1600年，火吞的庞贝和水淹的泗州成了难兄难弟。人们把泗州称之为"中国的庞贝城"。

一场绝世的洪水，使泗州城做了一条"失恋的游鱼"。洪泽湖，把一颗珍珠含在了嘴里，"吐"出的却是"水母娘娘沉泗州"的神话故事。谁是这个神话的编造者，已经无法考证，但著名的泗州戏保留剧目《水淹泗州》和京剧名作《虹桥赠珠》（原名《泗州城》），却让这个神话故事永久地在民间流传下来，并将继续流传下去。《虹桥赠珠》的剧情是：一座神秘水城中美丽动人的女神碧波仙子，与人间翩翩公子白咏由相互爱慕到结成姻缘，他们的定情地点发生在彩虹搭成的桥上，而定情的信物，则是碧波仙子精灵凝聚成的一颗宝珠。以二郎神为首的天兵天将，对碧波仙子自由自主的婚姻选择不能容忍，竟然以武力兴师问罪，女神带领着众多虾兵蟹将奋力抗争，经过一番殊死搏斗，宝珠发挥出无敌的魔力，终于取得最后的胜利。这是一出由"中国功夫"构成的舞蹈化戏剧，所有格斗厮杀中的兵器，在神话的境界里，都成了令人目不暇接的流动飞扬的点与线，而为争取爱情自由奋不顾身的水中女神形象，正是在这点与线勾廓中，变成东方色彩的鲜活画图。

悲剧反倒产生了神话，神话产生了爱情，爱情产生了美。哦，中国的"庞贝"！我们不能不羡慕剧作家浪漫的情感比维苏威火山的岩浆还要炙热！

泗州迁于虹，虹县便改为泗州。乾隆四十三年，当时的泗州知州张佩芳撰文，碑刻。两块"移泗州治记碑"，每块石碑长1.5米，宽0.8米，碑文40行，共629字，不仅详细介绍了淮水泛滥淹没古泗州及移州的经过，并称此举是民心所愿，当地百姓无不称道。"移泗州治记碑"由当时的湖北巴东县知县梁山献书，此人字闻山，号松斋，安徽亳州人，中过举人，是乾隆年间的大书法家，与刘墉、梁同书齐名。历史上书法界有"南北二梁"一说，南梁指梁同书，北梁指的就是梁山献。梁山献一生官位不显，居朝不长，唯于书艺一道，他的"移泗州治记碑"以行书入碑，笔骏度缓，势方圆韵，坚劲含蓄。通篇气势连贯，沉稳中见飘逸，既有晋唐之法度，又有明清之洒脱。加之江宁石刻专家王工远精湛的刀法和特有的技艺，使得"移泗州治记碑"作为记事碑，不仅具有一定的历史价值，也是一件难得的书法艺术和石刻艺术珍品。

虹城历史的古城墙早已在历史演进的战火中坍塌了，站在泗县宽阔的环城路上，我们看到的是一个开放的充满活力的新泗州，历史的彩虹就映在现实的天空。虹城，这个美丽而又富有诗意的名字，是现在对过去的追忆，也是过去对现在和未来的馈赠！

蕲县古城址

古城很古，没有宿县就有蕲县。蕲县人这样说。宿县城墙就是蕲县的秦砖垒起来的，数十万民工从蕲县一直排到宿县，砖头你传我、我传他，从蕲县一直传到宿县，这就是蕲县一夜迁宿县的传说。老宿县人这样说。其实只要你走进蕲县，你便会深深地感受到这块土地的古老。

古蕲周末属楚；秦代置县；汉袭秦制为县隶属沛郡；王莽改蕲县为蕲城；三国时先隶谯郡，后属汝阴郡；晋时复属谯郡；南北朝时先设蕲郡，辖蕲县旧地，又改蕲郡为蕲城郡，治蕲城，领秦汉故地；隋复蕲县、隶彭城郡；唐先隶徐州后属宿州；五代、宋、金沿袭不改；元代并入宿州至今。新中国成立后，蕲县先后为区、乡、公社、镇所在地，1999年被省政府批准为副县级中心建制镇。

蕲县古城址位于宿州市南22.5公里的埇桥区蕲县镇。古今交通便利，古老的浍水从古城南侧自西向东流过。古城为秦所筑，属地有大泽乡，中国历史上第一次农民大起义就起兵于此。城廓周长5820米，具有相当规

古
遗
址

21

模。1988年，蕲县古城遗址被列为省级文物保护区，境内不仅有陈胜、吴广起义的点将台，陈胜之妹陈雪花的墓地雪花山、三贤庙等，就连传说中的一步两桥、鱼赶集、观星台、二龙戏珠等景观也依稀可见。

历经2000多年的沧桑，蕲县古夯土城垣至今大部尚存，仍保留在浍河北岸上。据调查、勘测，该城平面接近方形，南北长约1.5公里，东西宽约1公里，周长约5公里，内有蕲县集和五个自然村，面积约2.2平方公里。南依浍水为天然屏障，东、西、北三面有人工护城河，虽埋淤，尚能看出低洼处有20余米宽。城墙似用护城河的土夯筑，夯土层厚15厘米左右，东西各有一座城门；南北各有一座水门，运粮河自浍河从南水门入城穿越而过，从北水门出城向北至符离县境与濉水相连，城垣上宽15米左右，墙古基宽30米左右，残高3~5米不等，有的地段已夷为平地。

蕲县古城址周围区域分布着新石器和商、周、秦汉时代的古文化遗址，可谓星罗棋布。蕲县古城即夯筑在古文化遗址上，它的南墙既利用了浍水北岸，又利用了西上航遗址。所谓"西上航"处就是西周先民在浍水北岸的一个生活聚落遗址。从该城址南城墙叠压下的浍河北岸剖面采集到网坠、鹿角和鬲、豆、罐等绳纹陶片，再现西周文化面貌。大约到了战国时期，楚东渐略，这里成为楚国疆域后因而具有重要的战略地位，建筑军事城堡。"西上航"可能始为运输集散物资的码头，随之逐渐繁荣起来，进而成为古代淮北地区一个地方政治、经济、文化中心，最终形成秦代蕲县古城。

史载古蕲置郡时，所辖北至徐州、南至凤阳、西至界首、东至洪泽湖，区域广阔。因经济富庶和交通便利历来为兵家必争之地。公元前224年，秦将王翦率兵60万，曾大战楚将项燕于蕲南。项燕战败自杀，楚人不忘国耻，以"郢"（楚国都简称）为村落名称至今，如李郢子、陈郢子等等。硝烟未尽，公元前209年7月，以陈胜、吴广为代表的900名派往渔阳（今北京密云）戍边的士卒，为反抗秦的暴政，在陈、吴二人领导下，于蕲县境内的大泽乡起义后遂攻蕲县，蕲县成为秦末农民大起义的首克县城。经短暂休整，义军主力溯浍河西进，矛头直指秦王朝统治中心的地区，势如破竹，连克静、驷、谯、眅等县，攻克陈县（今河南淮阳），宣告"张楚"政权成立时，队伍迅速壮大到数万人马，给秦王朝致命打击，在中国农民革命战争历史上写下了光辉的第一页。秦末农民战争虽因历史的局限（内部出现的不团结和农民出身的陈胜缺乏经验以及旧贵族势力的活跃）而失败，继之以旧贵族代表项羽和封建势力代表刘邦为争夺秦末农民大起义的成果而进行的楚汉之争又是在蕲县东境的垓下进行的，以楚军战败、汉军获胜而告终。清人李心锐诗云：

汉家功业效驱除，大泽乡中振臂呼。

燕雀焉知鸿鹄志，莫从垄上笑农夫。

我们不笑农夫，可以追溯历史。历史在中国大地上画了一个圆，起点和收合都在古蕲。一块土地能改变一个民族的命运，这块土地就是圣土！如今到了蕲县，犹见"烽火"。境内年产260万吨的蕲南煤矿和年产200万吨的蕲东煤矿，宛如两支火炬矗立在古蕲大地上。地下埋藏的是火，开采的是火，人们心中燃烧的也是火。站在蕲县古城上，便少了历史的沧桑感。往事越千年，竟如昨天、今天！

白居易与符离东林草堂

宿州是白居易的第二故乡，白居易在符离前后生活达22年。白居易故居在宿州北郊古符离东菜园，原名毓村，白宅名东林草堂。民国年间有人在这里建白公祠，后毁。

白居易，字乐天，号香山居士，是我国唐代最伟大的诗人之一，从中国文学史上来看，也是第一流的文学大家。他热爱祖国，热爱人民，憎恶统治阶级的残暴和一切不合理的现实。白居易一生写下2800多首诗，这些诗成了祖国的一宗珍贵财富，他的诗篇流传之远，受人之喜爱是十分惊人的。在当时，上至王公贵族，下列布衣庶民，无不乐于诵读他的诗篇。正如唐宣宗《吊白居易》诗说："童子解吟长恨曲，胡儿能唱琵琶篇。"

白居易，祖籍太原，出身于仕宦之家。其祖父和父亲都曾在河南做过官，他于唐代宗大历七年（772年）正月二十日生于河南新郑县东郭宅。这时父亲白季庚44岁，母亲陈氏18岁。白居易出生时，李白已逝世10年，杜甫也去世2年。时代需要大诗人，白居易适逢其时。但他又生不逢时，白居易出生不久，河南一带便发生了战事。藩镇李正已割据河南十余州，战火烧得民不聊生。白居易2岁时，任巩县令的祖父卒于长安，紧接着他的祖母又病故。白居易的父亲白季庚由宋州司户参军授徐州彭城县令（780年），一年后因白季庚与徐州刺史李洧坚守徐州有功，升任徐州别驾，为躲避徐州战乱，他把家眷送往符离安居。白居易得以在符离度过了一段童年时光。

白居易5岁便学写诗，9岁已可成诵。他最早的诗篇应该是在符离写成的。他与符离山水结下了不解之缘，并和符离人刘翕习、张仲远、张美退、贾握中、贾沅犀并称"符离五子"，他们同泛陴湖，游流沟寺，登武里山，诗酒盘桓，称盛会焉。"朝来暮去多携手，穷巷贫居何所有？秋灯夜写联句诗，春雪朝倾暖寒酒。陴湖绿爱白鸥飞，濉水清怜红鲤肥。偶语闲攀芳树立，相扶醉踏落花归。"少年的他学习是刻苦的，写作也是刻苦的，生活是浪漫的，创作也是浪漫的。符离的土地养育了他，符离的山水陶冶了他，符离的原野迷恋着他，名传千古的《赋得古原草送别》使白居易成了名，也使符离古镇出了名。据说白居易初到长安，去拜见老诗人顾况。顾况闻他名居易，便开玩笑说："长安米贵，居恐不易"，及读到其诗"野火烧不尽，春风吹又生"时，大为赞赏，说有这样的文笔，居长安不难。这首诗，确见白居易才情非凡。

但符离距徐州太近，白季庚又特别疼爱白居易，为了让儿子远离战火，白居易在符离没过几年，便开始流浪江南，放游苏杭。可以说诗人的少年时代就是在漂泊、苦闷中度过的。那迷人的西湖，清幽的虎丘，星罗棋布的名刹古寺，并不能填补少年漂泊者的空虚。所以他15岁时便写下了记录当时真情的一首绝句："故园望断欲何如？楚水吴山万里余。今日因君访兄弟，数行乡泪一封书。"从诗中可见白居易当时的生活状况和心里感受。

787年，白居易17岁时，抱着经名人推荐入"仕宦之途"的想法，走进了人才荟萃的长安古城。然而，现实给予他的回答却是冷漠无情的，竟然没有一个人引荐他做官。虽然顾况夸他的诗才，那也仅仅是夸夸而已。也许，正因为顾况发现了这位旷世诗才，把他引入了诗坛，而不要他混迹官场。白居易此去长安不但一无所获，还搞得贫病羁旅，18岁那年得了一场大病，几乎死去，诗人在这种情况下，只好悄悄地离开长安，又回到符离家中。

符离没有名山胜水，白居易在符离的生活却是愉快的，他有时去流沟寺前古松下盘桓；有时去横山头欣赏桃花；有时跑到陴湖边上对着碧绿的波涛，静看水禽飞舞；有时坐在濉河边上垂钓鲜肥的河鱼。当然，他在符离读书也很刻苦。他后来在江州写的《与元九书》回忆这一段的学习生活，每天是"昼课赋、夜读书、间又课诗"，累得"口舌成疮，手肘成胝"。其用功之勤，感人至深。这一次，白居易在符离居住了3年，不仅学识方面得到了长足的进步，身体也恢复了健康。

符离留下了白居易最美好的回忆，也留下了白居易的一段凄恻动人的爱情故事。

贞元六年（790年），白居易和邻居家的女儿湘灵互相爱慕，很快沉入热恋之中。他们私下经常约会，月光下、濉河边、柳荫里、桃花丛中，留下了他们爱情的足迹。白居易经常教湘灵识字、读诗，湘灵也给白居易送过香荷包、盘龙铜镜等信物，由于门不当、户不对，平民女子湘灵和白居易的爱情遭到了白家的反对。一个冬天，白居易的父亲以求学为名，把白居易带到襄阳。临行前的晚上，白居易与湘灵在濉河边见了最后一面，白居易长夜难眠，怀有极其深厚的感情，含泪写下《潜别离》："不及哭，潜别离；不及语，暗相思。两心之外无人知，深笼夜锁独栖鸟，利剑春断连理枝。河水虽浊有清日，乌头虽黑有白时。惟有潜离与暗别，彼此甘心无后期。"在前往襄阳的路上，白居易不时地回头远望符离，和着泪水又写道："泪眼凌寒冻不流，每经高处即回头。遥知别后西楼上，夜凭阑干独自愁。"此后一别，白居易37岁之前没有结婚，而湘灵也是30岁没有出嫁，直到唐穆宗长庆元年（821年），白居易已经50岁，仍然和着泪水为湘灵写下《寄远》："欲忘忘未得，欲去去无由。两腋不生翅，二毛空满头。坐看新落叶，行上最高楼，暝色无边际，茫茫尽眼愁。"正是怀着一腔对湘灵的爱情，才使白居易有所寄托，借李隆基与杨玉环的故事，写出了千古哀怨的《长恨歌》！在这首诗里，他敢于批评唐玄宗的荒淫，至有"汉皇重色思倾国""从此君王不早朝"等语。但后面描写两人之深情，又有"在天愿做比翼鸟，在地愿为连理枝"的不朽佳句。其中饱含哀怜的深情，谁能说没有诗人自己的情感呢！我们在《白香山集》中不时可以发现诸如《寄湘灵》《怀湘灵》《寄远》《感情》《长相思》《生离别》《潜别离》《旧梦》等等，写的都是与"娉婷"女湘灵相恋、相别、相思之情。那么白居易是不是把自己的感情体验移入了《长恨歌》呢？我们的回答是肯定的。如果把白居易为感念湘灵而写的《潜别离》与《长恨歌》的第三部分对读，不难发现有着明显的移情痕迹，甚至有些诗句和物件都打有白氏生活的印记。比如《潜别离》的"临别殷勤重寄语，词中有誓两心知……在天愿做比翼鸟，在地愿为连理枝"诸句，则有着明显的渊源关系；又如《长恨歌》中的杨妃仙魂那么郑重地"惟将旧物表深情"，很可能当年湘灵把一双绣履赠送给白居易时就是这样郑重而深情，只不过到了《长恨歌》里绣鞋变成了钗钿而已。所以此诗中写得最动人的地方多半都是作者自身恋爱悲剧的移情。如果没有作者对湘灵刻骨铭心的思念，凭空则很难写出诸如"行宫见月伤心色，夜雨闻铃肠断声""迟迟钟鼓初长夜，耿耿星河欲曙天""上穷碧落下黄泉，两处茫茫皆不见""但令心似钗钿坚，天上人间会相见""天长地久有时尽，此恨绵绵无绝期"等感人肺腑的诗句，没有这些就没有《长恨歌》，第三部分人物形象的模特儿很可能是白居易和他被人拆散了的恋人湘灵，而《白香山集》中的十多首有关湘灵的诗当是《长恨歌》主要作为爱情之歌的生活素材。

《长恨歌》被评论家认为是唐代歌行体长诗中最好的一首，在我国诗歌史上占有突出地位。如果说，白居易的创作灵感中有来自对湘灵的思念的话，那么，符离集这块风水宝地对中国唐诗的发展便有着不可磨灭的贡献！

793年，白居易跟随移官襄阳的父亲离开了符离集，诗人万万没有想到，第二年的春天，父亲就在襄阳官邸病故了。这对他的打击非常大。当时，白居易无力安葬，只得把父亲的灵柩寄在襄阳城南，然后护送家人又回到了符离故居。白居易这一次来符离，度过了四个春秋，由于重孝在身，其间他和湘灵没有重温昨天的故事，但他和湘灵的恋情依旧，诗人的人品是高尚的。他把对湘灵的思念后来写成了千古名篇《长相思》已是不争的事实："汴水流，泗水流，流到瓜洲古渡头，吴山点点愁。思悠悠，恨悠悠，恨到归时方始休，月明人倚楼。"这首《长相思》和《江南好》奠定了白居易在词创作上的地位，他和李白同被认为是当仁不让的"词家之祖"。

父亲去世，白居易家庭的经济情况变得非常困难，生活只艰难维持。可是，诗人在这样穷困的生活中，得到了接触人民的机会，使他真实而确切地了解了农民的生活疾苦。他说："一夫不田，天下有受其饿者；一妇不蚕，天下有受其寒者；斯则人之性命系焉，国之贫富属焉。"他憎恨为官作宦的人们生活太奢侈了，想改变这一极不合理的现象。白居易后来之所以确立"兼济天下"的政治理想，应该讲，与他在符离集的生活是分不开的。白居易在符离期间写下很多诗文，其中影响较大的是《自河南经乱，关内阻饥，兄弟离散，各在一处。因望月有感，聊书所怀，寄上浮梁大兄、天潜七兄，乌江十五兄，兼示符离及下邽弟妹》："时难年荒世业空，弟兄羁旅各西东。田园寥落干戈后，骨肉流离道路中。吊影分为千里雁，辞根散作九秋蓬。共看明月应垂泪，一夜乡心五处同。"白居易这首诗读来十分亲切，好像听诗人叙家常一样，如怨如诉，有思有盼，感情凄楚而又热切。但诗人所言的决非个人或一家人的遭遇，而是想到了同时代人们的遭遇，对动乱不安的社会表示了不满和痛恨。这首诗的思想深度和艺术高度，一直为诗评家赞许。

白居易的诗通俗易懂，据说他经常把自己的诗先念给不认字的老太太听，达到连老太太也能听懂的程度。王安石叹道："世间好语，都被杜甫说尽，世间俗语，又被白居易说尽。"白居易还首开说理诗之风，像什么"草萤有耀终非火"之类的，直接影响了苏轼等人的诗风。其实，白居易请"老妪解诗"的良好诗风正是从符离开始的，淮北人的淳朴与率直直接影响了白居易的写作风格。《观刈麦》反映了农民的苦，"足蒸暑土气，背灼炎天光。力尽不知热，但惜夏日长。"《村居苦寒》表现了农村的穷，"北风利如剑，布絮不蔽身。唯烧蒿棘火，愁坐夜待晨。"《杜陵叟》哀叹农村的灾难，"三月无雨旱风起，麦苗不秀多黄死。九月降霜秋早寒，乐穗未熟皆青乾。"……这些诗并非写于符离，但诗人的人民性则是少年时代在符离"天生地养"的！

如今，白居易生活过的古符离已经没有往日的繁华，一条清瘦破旧的古符离街道，让人无法使它和它过去的辉煌联系起来，街道两旁的人大都搬迁走了，寂寥地散住的人增添了这里的沧桑。那是一个让人怀旧的凭吊、又有些旧时候痕迹的地方，濉河大堤上空遗下一座最古老的桥之一，据说建于隋唐，曾经是符离八景之一，当年诗人白居易经常站在桥上，看濉南平原的风光，并写下许多诗歌。现在物非人去，只有残败的桥墩，不住地诉说着过去。离通济桥遗址东百余米，是濉河和斜河呈"丁"字形交汇而形成的三角洲，传说三角洲那片芦苇掩映处，就是东菜园白居易的居所，但是那里是一片泽国水乡，一点遗址的痕迹也没有了。而一个崭新的符离已经在古符离北5公里的地方重新崛起，他以符离集烧鸡为第一品牌，已经成为全国百强镇之一。"东林草堂"不在了，"东林草堂"遗址还在，宿州的文人一直梦想着再建"东林草堂"，和这位唐代伟大的诗人在"东林草堂"探讨中国诗歌的发展方向。不管历史怎样变迁，无论朝代如何变化，有一点是永远不会改变的，那就是诗和诗人都是来自人民，人民永远是文学的主人，也是历史的主宰！

李白与宴喜台

　　唐玄宗开元、天宝年间，史称盛唐，这一时期出现了我国诗歌史上的"双子星座"。"双子星座"就是李白与杜甫。李白诗歌豪放飘逸，如《将进酒》《蜀道难》，无不显示了诗人独特的情感色调和艺术个性，史称"诗仙"。杜甫诗歌则沉郁顿挫、忧国忧民，像《三吏》《三别》这样的诗歌，实录了唐王朝由盛转衰过程中一系列重大的事件，最负盛名，号称"诗圣"。让宿州人津津乐道的是，诗仙李白与诗圣杜甫曾经携手游历宿州，并在砀山流下了动人的诗篇。

　　天宝三年（744年）四月，44岁的李白与33岁的杜甫在洛阳第一次相见。正值牡丹花开，两位诗人一见如故，当时便结伴同游开封、商丘，次年他们又同游齐鲁，赋诗作歌，情同手足。李白的家当时居住在山东兖州，恰巧杜甫的父亲又在兖州当司马，于是黄淮大地到处闪烁着"双子星座"灿烂的星光。李白与杜甫是在去兖州时途经宿州砀山的，同行的还有大诗人高适。诗仙与诗圣同时光临，砀山县令亲自作陪，不仅张灯结彩，美酒相待，还有歌女相陪，那场面比过节还热闹。李白有酒便有诗：

　　明宰试舟楫，张灯宴华池。文招梁苑客，歌动郢中儿。

　　月色望不尽，空天交相宜。令人欲泛海，只待长风吹。

　　那是一个月华皎皎的夜晚，李白和杜甫一行在碧水中泛舟，在宴喜台饮酒，主人的盛情和美妙的歌声，真的让他飘飘欲仙了，"令人欲泛海，只待长风吹"。这是何等的浪漫啊！和李白的心境不同，一贯忧国忧民的杜甫，在这样的欢乐场面，是很少作诗的，何况有年长11岁、当时名气远远高于他的李白在场。诗圣不留诗，对于宿州来说，这不能不是个遗憾。杜甫当时没作诗，可后来他在《与李十二白同寻范十隐居》中说："余亦东蒙客，怜君如弟兄。醉眠秋共被，携手日同行。"杜甫诗中写的当然不是与李白去寻"范十隐居"一件事，而是那一段时

宴喜台

间，他们都"醉眠秋共被，携手日同行"。这当中无疑也包括二人同游砀山宴喜台。同样，李白也曾在《鲁郡东石门送杜二甫》中写道："醉别复几日，登临遍池台。"显然，"遍池台"是包括"宴喜台"的。砀山宴喜台，在现在砀山县城东郊1.5公里处，原亭池上复建的宴喜亭，是一座单檐六角亭。台上有石刻"宴喜台"三个大字，相传为李白笔。

　　对于李白来说，这次来砀山并非第一次，也并非最后一次。早在两年前，他从皖南去长安，就经过宿州的泗县和砀山。时隔11年，即天宝十二年秋，53岁的李白再次来到安徽，在途经砀山县时，因砀山县令与其相识，就又在此小住。关于李白三次路过砀山的情景，学者多有介绍，这里无须赘述。不管怎样，李白和杜甫一生中仅有的两次携手同游，竟然都路过了宿州的黄土，足以让宿州人世代传颂下去。

　　李白是屹立于中国诗坛之巅的巨人。他没有屈原那样的清苦和执著，却更多了几分的清高和狂放。"安史之乱"爆发之时，正隐居在庐山、年已57岁的李白却毅然投奔永王李璘帐下，"但用东山谢安石，为君谈笑静胡沙。"他认为自己这样的宰相之才辅佐永王，肯定能大显身手，马到成功。不料永王李璘野心膨胀，不听调遣，被唐肃宗派兵消灭。空有报国热情的李白懵懵懂懂地卷入了皇室内部的倾轧争夺，"其罪当诛"。好在有人营救，李白被判永久流放夜郎。这个在诗坛上神思天纵、明慧超群的"谪仙人"，其实不懂政治，但是他"济苍生、安社稷"的报国之志终生不渝。761年，也就是李白逝世的前一年，听说唐太尉李光弼率大军出镇宿州一带追击叛将史朝义，他还要从宣城往宿州从军，半路因病折还，因此写了《闻李太尉大举秦兵百万出征东南懦夫请缨冀中一割之用半道病还留别金陵崔侍御十九韵》一诗以记其事：

秦出天下兵，蹴踏燕赵倾。黄河饮马竭，赤羽连天明。

太尉杖旄钺，云旗绕彭城。三军受号令，千里肃雷霆。

函谷绝飞鸟，武关拥连营。意在斩巨鳌，何论鲙长鲸。

恨无左车略，多愧鲁连生。拂剑照严霜，雕戈䜣胡缨。

愿雪会稽耻，将期报恩荣。半道谢病还，无因东南征。

亚夫未见顾，剧孟阻先行。天夺壮士心，长吁别吴京。

金陵遇太守，倒屣相逢迎。群公咸祖饯，四座罗朝英。

初发临沧观，醉栖征虏亭。旧国见秋月，长江流寒声。

帝车信回转，河汉复纵横。孤凤向西海，飞鸿辞北溟。

因之出寥廓，挥手谢公卿。

临终做诗，他仍然对自己的文才武略充满自信，抒发出多少感慨、多少悲怆！第二年，李白便在马鞍山采石矶醉酒"捉月"，死于江中。宿州是李白临终前渴望圆梦的地方，虽然"天夺壮士心"，但诗人"拂剑照严霜"的报国之志却永远铭记在宿州人心中了。

王绩与大五柳

在初唐诗人中，与宿州关系最为密切的当数田园诗的代表人物王绩了。王绩（585～644年），字无功，山西河津人。唐初，他辞官在宿州武里山隐居，在门前种了五棵柳树，那块地方便被称为大五柳。王绩有《新园旦坐》：

林宅资余构，园亭今创营。接黍过半箸，从此近全生。

凿沼三泉漏，为山九仞成。草香罗户穴，茅茹结檐楹。

松栽一当半，柳种五为名。独对三春酩，无人来共倾。

大五柳现在已经成为宿州著名的风景旅游区，其地名正是源于王绩的这首诗。王绩好酒，不独"李白斗酒诗百篇"。王绩被称为"五斗先生"，他的酒量不在李白之下，他的田园风光诗也不在李白之下，他最有代表性的《野望》正是作于宿州：

东皋薄暮望，徒倚欲何依。树树皆秋色，山山唯落晖。

牧人驱犊返，猎马带禽归。相顾无相识，长歌怀采薇。

大五柳的风光美，王绩的诗更美。但是宿州美丽的田园风光，并不能填补诗人心中的孤独，他只能徒倚野望，长歌怀薇，也正是诗人这种孤独的凄凉和田园风光的秀美所形成的巨大反差，才使《野望》成为千古绝唱。

在孤独中饮酒，在饮酒中作诗，这就是"五斗先生"晚年在宿州生活的写照。日复一日，年复一年，王绩体质日益见弱，预知寿终在即，遂自作墓志，吩咐眷属死后殡葬于宿州武里山下，终年59岁。生前著有《酒谱》《醉乡记》《无心子传》等文，后人为之汇编《东皋子集》，其中好些篇章是在五柳著写，赞美了五柳风光，并流传至今。

被列为唐宋八大家之首的韩愈同样与宿州结有不解之缘，他不仅在符离寄居3年，而且他的儿子韩昶就出生在符离，乳名也叫"符"。韩愈在《讲学解》和《祭十二郎文》里都提到过这个儿子。在《符读书城南》诗里，韩愈叙述了两个从小相邻要好的男孩，由于读书和没读书，结果是"三十骨骼成，乃一龙一猪。"成龙的位列公相，成猪的替人赶马驾车，这应是"望子成龙"一语的注脚。韩愈那篇著名的《贺徐州张仆射白兔状》就是作于符离，他借尚书省长官张封建得到一只毛色纯白的兔子做起文章，因为那只兔子是"得之符离"，他由此想到"符离，实我国名"，因为"符离"，音为"附丽"啊！那只兔子见到人并没有逃逸，他认为是"天兆"，四方"逆乱之臣"会"畏威崩析"，归顺朝廷。文以载道，文道合一，是他的一贯文学主张，这篇散文是一个典范。

大五柳风景区

　　宿州市委、市政府在著名风景旅游区"大五柳"的总体规划中，准备在龙泉湖景区修建王绩"东皋草堂"，把王绩诗文以碑林形式展现，修建"醉乡亭"，修复王绩墓，同时修建景亭分别纪念白居易、韩愈、皮日休等唐代大诗人，不仅因为他们的文学建树已经彪炳史册，实在还有一份浓浓的乡情！

黄河故道

　　那时候没有纪年。

　　那时候混沌初开。

　　那时候留给我们的只有古老的神话传说。从这些传说中，我们除了知道开天辟地的盘古以外，还有一位太上老君。是他，赶着一头神牛，扶着一架开荒犁，在亚洲中部的崇山峻岭间插下了犁头。于是，荒原上的第一道犁沟出现了。

于是，便有了黄河！

本来，这第一道犁沟应该是笔直的，因为它将要成为以后无数道犁沟的基准。但是，神牛在跋涉途中却不断遇到各种各样的干扰，而每一次干扰，都会使得这道犁沟折转方向。第一道犁沟终于被扭曲了！

于是，便有了九曲十八弯的黄河！

有了黄河，便有了人类！

有了黄河，便使得黄河流域的先民们有了丰盈的乳汁。这一条发源于青海省巴颜喀拉山北麓约古宗列盆地的大河，流经土质松软的黄土高原时，携带了大量泥沙，奔腾而下。进入华北平原和中州平原以后，泥沙沉淀，河床淤塞，逐年抬高，终于成为悬河。一条高出地面的河流，溃堤决口，势在必然。我们的母亲河若有灵性，相信她也一定是无可奈何。望着在滔滔浊浪中挣扎的儿女，母亲定会肝肠寸断、痛不欲生……黄河溃堤决口、改道南泛的最早记录，是汉武帝元光三年（公元前132年）。2000多年来，因黄河决口造成重大灾难的记录在史志中比比皆是，简直不计其数。所以，民间素有"三年两决口，百年一改道"的说法。河决之日，宿州一带，顿成泽国。"田庐淹没，民多溺死""水势漫天，民栖于寨""道殣相望，人自相食"……黄河带给宿州人民的，除了灿烂的黄河文明和赖以生存的一方黄土，还有太多太多的灾难！据《辞海》所载："黄河易淤易决，上游在宁夏平原，中游在山西、陕西两省的龙门、潼关间，下游自河南武陟、荥阳以下，河道时有变迁。见于历史记载的大小决徙粗略统计约达一千五六百次，绝大多数集中在下游。下游故道略呈一折扇形，最北经由今河北霸县、天津海河入海，最南经由颍水、涡水夺淮入海。"近年来，有研究黄河的学者给出了这样惊人的数据：历史上黄河较大的决口达26次！

1194年（宋绍熙五年），一次比汉武帝元光三年（公元前132年）更为强烈的大改道，使得黄河的命运发生了重大的转折。这次改道，黄河开始向南乱颖、涡二水夺淮入海。从此以后，广袤的豫东平原、千里淮北平原——包括今宿州市的砀山县和萧县——以及地势低洼的苏北平原便成了一片面积巨大的黄泛区。

金元至明万历初年，这一时期的河道极为混乱。南泛的诸多河道中，又以自今河南原阳乱汴、睢故道东出徐州由泗水入淮为主。其时，有潘季训受命治河，卓有成效，他尽断旁出诸道，把金元以来黄河东出徐州由泗水入淮的主流固定下来，成为下游唯一的河道。这也是横贯今日豫皖苏三省的黄河故道的大致格局。在此后的280年间，黄河虽仍然经常发生决口改道，但不久皆被引归故道。

地老天荒，年复一年，滔滔黄河像一部混浊的历史，被时代的风云有力地翻卷着，终于到了1855年（清咸丰五年）。这一年，黄河的命运再次发生巨大的变更。其时，洪汛突降，浊浪翻滚，势不可挡的洪峰冲到今河南开封东北方向的铜瓦厢（今兰考县境内）时，北堤突然崩塌，桀傲不驯的黄河猛然任性地调头北去，又折转东北，去寻找新的入海通道。到了1875年，这条河道终于固定。在此后至新中国建立的70余年间，曾经发生过数十次黄河决口，但不久即被堵塞。1938年，国民党反动政府炸开郑州花园口的黄河南堤，河水乱颖、涡而夺淮，历经9年之久的水患之后，直到1947年，洪水才复归故道。

这就是黄河故道的历史！

这也是宿州人民的一部灾难史！

黄河，你真是一条性格复杂的河流！你曾经在你冲积出来的淮北平原上创造了灿烂的文明，却又亲自将她们深深地埋进黄土层下。昨天，你曾经是一条奔腾不息、波浪滔天的洪流，而今天，你又沉沉地睡去，化作了一道绵亘千里的茫茫沙原……大漠孤烟，长河落日，忠实地记录着黄河脉搏的跳动，记录着她如何从一条涓涓细流成长为一道汹涌澎湃的巨川；青海长云，万仞雪山，深情地望着她流过蛮荒、流向文明，望着她在这片炽热的黄土地上不仅镌刻着辉煌的历史，同时也镌刻着沉重的历史……

黄河，曾经在宿州这片古老的土地上呼啸、奔腾了600多年！

黄河，曾经在从砀山到萧县的大平原上留下了长达90多公里的一串足迹！

今天，当我们在三月的春风里觅古寻幽、探访古黄河昨天的足迹时，心中会时刻充满着一种强烈的神秘感和沧桑感。轰鸣的涛声当然已不再依旧，可是，那漫漫的沙原呢？飞沙漫天的景象为什么也无影无踪了呢？原来，这里已经变成了一片闻名遐迩的水果生产基地，这里已经变成了拥有50万亩果树的酥梨之乡！昔日的黄河故道，如今是一片名副其实的百里花海，穿行在这片银白色的香雪海中，我们很难找到灾难遗留下来的痕迹。春游的人们在鳌头观海、瑶池烟霞等各个景点间流连忘返，在乌龙披雪的老梨园中叹为观止，在近百公里长的黄河故道边与粼粼的碧波零距离接触……如果是在金秋时节，当人们兴致勃勃地拜谒那棵树龄高达180年的梨树王时，谁又能不为它那单株年产酥梨两三千斤的强大生命力而欢呼呢？梨树有王，酥梨也有王，收藏在砀山县园艺场里的一个酥梨王，居然重达四斤八两，堪称全国最大的酥梨了！这是黄河故道对辛勤的果农最丰厚的馈赠。这里每年生产的酥梨，可供全国人民每人吃到5公斤！其中，尤以乾隆皇帝钦点的贡梨最为名贵。

在宿州，有一句人人耳熟能详的话：萧县的葡萄砀山的梨。这句话的意思，是要告诉我们：在砀山县境内的黄河故道上，盛产酥梨；在萧县境内的黄河故道上，盛产葡萄。充足的光照，疏松的沙质土壤，是这一片果海绿洲生产优质水果得天独厚的先决条件，再加上从上游流下来的黄河之水的浇灌和滋润，砀山酥梨把大自然赐予的清冽、甘甜吸纳之后，集于一身，再经过2000多年的优胜劣汰，终于演化出了极其优秀的品种。砀山酥梨果实硕大，金黄闪亮，皮薄多汁，酥脆甘甜，入口无渣，落地即酥……砀山酥梨还有着很高的养生和药用价值。李时珍的《本草纲目》上记载，它"生可清六腑之热，熟可滋五脏之阴"，故有"果中甘露子，药中圣醍醐"的美誉！

这就是今日的黄河故道！

风雨魅力萧窑

瓷器，是中华民族对人类文明的伟大贡献，它在世界范围内拥有深远的影响，因此中国有了China（瓷器）这个英文名字。山西夏县龙山文化遗址中发现的原始青瓷证明，中国在距今4200年前已经开始尝试烧制瓷器。唐宋时期中国制瓷技术得以突进，这一时期，中国南北制瓷业群星璀璨，其中淮北大地上的萧瓷就是最耀眼的星星之一。

萧瓷产于宿州市萧县白土镇，白土镇瓷窑因此被称为"萧窑"，几乎所有的中国陶瓷史都写到它。《辞源》中释白土寨——又名白土镇，现属安徽萧县，以产白土而得名。唐代时因寿州窑缺乏胎土原料，作坊迁移至此，烧造白瓷，可见萧窑跟寿州窑有一脉相承之处。宋代洪迈在《夷坚志·萧县陶匠》辞条记载了一位名叫阮十六的民间制瓷名家："……萧县之白土镇……凡三十余窑，陶匠数百……一匠曰阮十六，禀性灵巧，每制作规范，过绝于人，来买其器者，价值加倍。"由于制作精良，阮十六的瓷器价格总是居高不下，可惜阮十六的瓷器至今没有被发现。倒是有件金代瓷器在一个偶然的机会被发现，得以一饱世人眼目：这件瓷器是1954年文物部门在白土镇征得，瓷器上刻有铭文："白土镇窑户赵顺谨施到慈氏菩萨花瓶一对供养本镇南寺。时皇统元年三月二十二日造。"皇统是金熙宗的年号，皇统元年也即南宋绍兴十一年（1141年），瓷器所属的时代就是萧瓷极盛的时期。2006年和2007年，省、市两级文物部门两次对宿州隋唐大运河遗址进行了考古发掘，从9个文化层中发掘出大量文物，瓷器占出土文物的85%，涉及20多个著名的窑口，其中包括萧窑的瓷器。专家从出土的萧瓷分析，萧窑最迟在唐初烧制瓷器，而且窑场大，尤其是碗底有款的黄釉碗出土，说明在唐中期萧窑制瓷技术已臻成熟。

萧窑始于隋唐，兴于宋，在金末成为绝响。它像流星一样短暂闪过，却以其非凡，留下了永恒的记忆。

如今白土镇萧窑遗址较为集中的有三处：一是白土粮站南窑遗址，一是白土村南窑址，一是白土文化馆门前窑址，三处总面积约1.9万平方米。时光悄然流逝了近千年，这里繁华不在，但是在窑址附近地表上，瓷片仍然随处可见，俯首即可捡拾。遗址附近的一户民房几乎全用窑具"砂缸腿"筑起，更有不少村民用窑具垒院墙，这让人感到著名瓷器产地对瓷器近乎暴殄天物般奢侈的使用。的确，生活在萧窑的后人们有奢侈的资本：这块在1981年即成为第一批省重点文物保护单位的土地不仅是全国著名的民窑，其规模也颇为壮观，宋代即有72座窑之称谓，在宋金时期它与宿州窑、泗州窑接壤，成为徐淮地区窑场之三足鼎立之势。

在这个被世界称为China的中华土地上，萧瓷为什么能占据一席之地，留下不俗的名声呢？

首先，白土寨有着丰富的瓷土，这给萧窑的产生奠定了丰厚的物质基础。在南北朝和唐朝，人们已经知道萧县白土镇有优秀瓷土，并开始开采，其中寿州窑对白土镇的瓷土用量较大。

其次，萧窑产生较早，并且"嫁接"了先进技术，这给萧窑的发展提供了有利条件。唐朝之前，这里已经因为瓷土的外运，刺激了制瓷人的产生，从而出现了零星的瓷窑。因寿州窑胎土原料缺乏，一些作坊迁到白土镇烧制白瓷，我国成熟的白瓷制瓷技术出现于隋唐，萧窑是较早掌握这一先进技术的地方之一。萧窑"借"寿州窑的先进技术，也借宋代五大名窑之一的定窑技术，仿制出大量定窑的产品。

再次，萧窑较早地使用煤炭烧窑，为萧瓷脱颖而出提供了机遇。萧窑初时用木柴做燃料。窑场附近的山上长着茂密的原始森林，由于砍伐无度，到了宋代，森林已然告罄。好在，北宋时在白土镇北端发现了煤矿，不仅可将煤作为生活燃料，还可作为冶炼的燃料。北宋元丰元年，一直关心民间疾苦的大学士苏东坡，曾到白土山北探访，意外觅得石炭(煤)，十分兴奋，他说："彭城旧无石炭，元丰元年十二月，始遣人访获于州之西南白土镇之北，以冶铁作兵，犀利胜常云。"挥毫写下了《白土山石炭歌》："岂料山中有遗宝，磊落如磐万车炭。"当地冶铁业的发展，固然依赖石炭的开发，而瓷器生产亦不例外。徐州所属萧县白土镇还有宋金瓷窑，据《考古》1962年第3期宋伯胤《萧窑调查记略》，1963年第12期胡悦谦《安徽萧县白土窑》，当地瓷窑遗址中堆积了很厚的煤炭渣，这是白土镇的石炭还支持制瓷业的明证。

最后，萧窑虽然不是官窑是民窑，没有"行政"支撑，但是由于资源丰富，烧窑者众多，这给窑匠们探索技术、互相借鉴带来便利。在宋代，萧县北白土镇的萧窑，即是一个包括"三十余窑，陶匠数百人"的大型瓷窑群，规模生产势必带来技术的争先局面，也最终促成了萧瓷的闻名于世。

萧窑在唐代烧制的产品主要为黄、白、黑釉瓷器，特征是：黄瓷产品均为平底碗，底心微凹，底边修坯时旋掉；胎体厚重，胎质不纯，呈焦黄色，胎体内杂有不少黑色、白色或红褐色微粒，且有小气泡。釉色黄中闪绿，流釉处呈墨绿色，积釉处有小开片。

宋代起，以烧白瓷为主。白瓷是在青瓷的基础上出现的，它首先出现在北方，时称"南青北白"，五代时期，白瓷的生产中心仍旧在北方，以后逐渐南移，至明代永乐年间景德镇窑烧制的"甜白瓷"和福建德化窑烧制的"象牙白"（或称"猪油白""奶白"）瓷，取得了白瓷烧制史上的最高成就。萧瓷是北方白瓷品种的一部分，其生产规模为当时瓷器界所熟知。萧瓷胎色有焦黄、灰白两种。灰白的萧瓷胎质较细，为精品，胎色焦黄者为制作粗放的产品。采用三足支钉或托珠叠烧，故碗、盘等器内心和底足留有支钉或托珠痕，一般3个。器形除碗以外，还有枕、双耳罐、小件瓷塑动物等。其中底足宽而边浅，口径大而壁侈的碗，是当时一种比较特殊的造型。其烧制的产品主要为民间日常用瓷和陶瓷工艺品。如碗、盏、枕、壶、瓶、罐、钵、佛像、佛龛、佛塔饰，瓷玩具狗、鸡、鸭、牛、马等。

萧瓷工艺在当时属于中上流，它依托寿州窑，追逐定窑作风，以至作品可以和定窑乱真，故而南宋周辉在《清波杂志》中说：我出国时见到外族人用的定窑瓷器，色尤其晶莹可爱，才知道近年来所用定窑瓷器是出在宿州泗州一带。

唐、北宋和金，是萧瓷辉煌时期，通过流经宿州的隋唐大运河，萧瓷得以南北流通，可惜南宋和金对峙时期，这里成为交战的前沿，加上黄河屡次决口，运河逐渐淤积，天灾人祸最终使萧窑走向萧条和衰败。

滚滚长江东逝水，浪花淘尽英雄。萧窑如今成为遗址，走进村落，道旁路口随处可见散落于地的唐宋窑具和瓷片，在无声地诉说着历史的沧桑。如果说瓷器这种独具中国特色的物品被世界人民所喜爱，使中国与瓷器永远地结合在了一起，那么，在博大精深的中国瓷文化里，萧瓷也以其不可替代的成就，留下了属于自己的篇章。

涉故台——一座历史的制高点

在宿州城南约25公里的大泽乡，坦荡无垠的一脉平野上，兀立着一座高高的土台。这座土台，已经在历史的风雨中伫立了2200多个春秋，它见证着一个腥风血雨的时代，记录着一次震惊世界的壮举，镌刻下了起于陇庙之间的英雄们惊天动地的一声呐喊："王侯将相，宁有种乎！"

这里，就是中国第一次农民大起义——陈胜吴广起义时留下来的一处历史胜迹——涉故台！

涉故台，是一座历史的制高点。

这是一座覆斗状的土台，长宽各60余米，高不过5米。翠柏掩映、青草丛生的土台，其用途有三种不同的说法：一说是筑台盟誓，诛伐暴秦；二说是操练兵马，击鼓演武；最后一种说法，则说大泽乡一带为低注的沼泽地区，每逢雨季，顿成泽国，所以，义军揭竿而起后，在此筑台屯兵。像这样的土台，在大泽乡有72座，当地百姓传为义军屯兵的"七十二连营"，其中，以涉故台最大。这一带，还流传着一个与此有关的民间故事：当年陈胜揭竿而起、筑台盟誓的时候，看见一只梅花鹿倏然跃出草丛，朝东北方向的紫芦湖中飞奔而去。他立即弯弓搭箭，对起义的戍卒们说："我的箭若能射中此鹿，起事必能成功！"弓弦响处，那只梅花鹿应声倒地。自此以后，这座曾被称作"射鼓台"（射箭、击鼓、演兵之台）的土台，便被称作射鹿台了，而紫芦湖也被称为死鹿湖。

顾名思义，大泽乡是一片地势低洼的地方。遥想当年，这里曾是芦苇丛生、野草遍地的一片荒原。它的范围很广，由此东去，与生长着一种紫根芦苇的紫芦湖连成一体。也正是因为这种低洼的地势，才演绎出2200多年前那一场惊天动地、可歌可泣的故事。

公元前209年(秦二世元年)7月，正是淮北平原上的雨季。千里平野，阴雨连绵，大泽乡成了一片名副其实的泽国水乡。就在这样恶劣的天气情况下，一群将要被苦难吞噬的人们，陷入了绝望的境地。

这是被官府征召去戍守渔阳(今北京市密云县西南)临时屯住在大泽乡的900名戍卒。连绵的阴雨，把他们围困在这一片无边的泥沼之中。阴沉的天空，雨云涌动，丝毫没有放晴的迹象。何时才能开拔北上?谁也不知道。饥饿的威胁是次要的，最严重的是，按照当时秦朝残酷的法律，误期当斩。

900名戍卒面临着死亡的威胁!

就在这生死攸关的关键时刻，绝望的戍卒人群中站出两个人来。这就是与900戍卒生死与共、带领弟兄们赶赴边关的屯长陈胜(字涉)和吴广(字叔)。他们二人的出现，无异于在风雨茫茫的荒原上升腾起两蓬烈焰，重新点燃起900戍卒心中即将熄灭的生命之火。也就是从这一刻起，陈胜、吴广的名字，被深深地镌刻在中华民族的青史之上……

陈胜吴广起义雕塑

安徽省重点文物保护单位——陈胜吴广起义遗址

在司马迁的《史记》中，有关陈胜、吴广的记载见于多处。《陈涉世家》称：陈胜为河南阳城（今河南登封县）人，吴广为河南阳夏（今太康县）人。但是，在《明一统志·中都·古迹》中却又有这样的记载：阳城，在宿州南，秦县，陈胜生于此。而唐宋之前的古籍所载秦、汉旧县，都没有此县。长期以来，对于陈胜、吴广的出生地，有不少人提出质疑：如果按《史记》所载，那么，陈胜、吴广和900名戍卒在急如星火赶赴渔阳的时候，为什么会绕道数百里东行大泽乡再北折而去渔阳呢？为此，质疑者提出大胆的设想，认为陈胜、吴广的生地可能就在安徽的宿州一带，他们二人和900戍卒可能就是在淮北地区被征召的。质疑者甚至还考证出在宿州南部（今固镇县湖沟一带）有一座被当地群众称为"南阳城"的遗址（即西汉谷阳城）。在这种意见相左、相持不下的情况下，我们回过头来再细细研读《陈涉世家》，并从中寻求答案，应该是大有裨益的。文称："二世元年七月，发闾左，谪戍渔阳，九百人屯大泽乡。陈胜、吴广皆次当行，为屯长。"又说："陈胜瓮牖绳枢之子，亡隶之人，而迁徙之徒也。"深入研究过这一段历史的卢南乔先生在1978年第11期的《历史研究》上发表了"闾左辨疑"一文，论述了"闾左"即"亡命"，陈胜是"由佣耕而亡命"，"身罹亡命之'罪'，名列'闾左'之人，而被谪戍的"。这样看来，陈胜的生地为宿州说的观点自有他的道理，而持登封说的观点也有了一个比较合理的说法。试想：在垄亩之间就曾经发出过"燕雀焉知鸿鹄之志"这一浩叹的陈胜，是一位造反精神极强的人，他很有可能因忍受不了在家乡的佣耕之辱和痛苦而亡命他乡，当然也不排除他们流落到淮北一带的可能。而在这里被征召为戍卒，并暂屯于大泽乡，同时被指定为屯长，然后从这里出发去戍守渔阳，好像是顺理成章的事情了。毕竟是2200多年前的事了，陈胜、吴广的生地到底在哪里，还是留给历史学家们去研究、去考证吧！而我们更关心的，是被困于大泽乡泥沼中那900名戍卒的命运。两位有着共同经历和命运的屯长，对于眼前所面临的严峻形势，作了冷静的分析。他们深知，在秦朝暴政的严酷统治之下，百姓陷入水深火热之中，"天下苦秦久矣"。在这种民不聊生、怨声载道的情况之下，沸腾的民心，犹如干柴，一遇火种，便会烈焰冲天。因此，他们决定抓住时机，高举义旗，率领戍卒们于绝境中杀出一条生路。但是，陈胜和吴广又是冷静和理性的，他们没有盲动，而是首先在戍卒中间制造舆论。两个有勇有谋的屯长，先是在帛条上用朱砂写下"陈胜王"三个字，塞入鱼腹之内，后被戍卒买回剖洗烹食时发现，疑是"天书"在传达"天意"，一时传为奇谈。吴广又于子夜时分潜进神庙旁的丛林之中，点燃篝火，并装狐呼叫"大楚兴，陈胜王"。戍卒们听了，无不惊异万分，更加确信这是"天意"。这就是后世广为流传的"鱼腹天书"和"篝火狐鸣"的故事。经过这一番舆论工作之后，戍卒们众望所归于陈胜一身。看到时机已经成熟，陈胜、吴广又经过一番周密的策划，果断地借机杀死了押解戍卒的两名秦尉，立即集合戍卒，破天荒地喊出了那个时代的最强音："王侯将相，宁有种乎？"这句极具煽动力的话语，强烈地激励起大家奋起推翻秦朝暴虐统治的勇气，犹如一道闪电，划破黑暗的夜空，点燃了戍卒们胸中郁积已久的怒火。这时，陈胜便自立为将军，吴广为都尉，"斩木为兵，揭竿为旗"，筑台盟誓，诛伐暴秦，拉开了中国历史上第一次农民大起义的序幕！这一声撼天动地的大泽惊雷，比古罗马的斯巴达克所领导的那一次奴隶起义，整整早了136年！由于陈胜、吴广与戍卒们有着情同手足的深厚感情和生死与共的同样命运，所以能够齐心合力，一呼百应。义军首先占领了大泽乡，继而攻占了蕲县，一月之内，连克铚(今安徽省淮北市临涣)、酂(今河南永城)、苦(今河南夏邑)、柘(今河南柘城)、谯(今安徽亳州)，克陈(今河南淮阳)之后，在这里建立了政权，号称"张楚"。其时，四面八方，纷纷响应，如火如荼，义军军威大振，拥有兵车六七百乘，骑兵千余，步兵数万。有了如此强大的兵力，义军便以陈为中心，迅速向四方发展，极力扩大势力范围。与此同时，又派出周章率领义军主力西进，攻打秦都咸阳。一路上，旌旗蔽日，浩浩荡荡，兵至函谷关，已有兵车千乘、战士数十万了。这样一支斗志高昂的大军，一路过关斩将，很快打到距离咸阳不足百里的地方，使得秦王朝上上下下一片惊恐，处于风雨飘摇之中。这时，秦二世胡亥深深感到了事态的严重性，决不能再让义军向京城逼近了。鉴于兵力的不足，他立即下令释放并武装了一大批修筑骊山墓的刑徒，补充了兵员，组成一支30万人的大军，由大将章邯率领，立即东进迎战义军。两军交战，异常惨烈。由于义军将士没有经受过正规的军事训练，战斗素质普遍较差，一经与章邯的大军交手，立刻溃不成军。在败退的乱马军中，周章自杀身亡。章邯则乘胜东进，一路追杀，各路义军，屡遭惨败。吴广于荥阳附近死于他的部下、野心家田臧之手。而陈胜也在退出陈后，一路向东败退。在他退却到下城父(今安徽涡阳县)时，被他的车夫、叛徒庄贾杀害……

一场从大泽乡点燃起来的反秦烈火，就这样被秦二世的腥风血雨扑灭了。从起义到失败，虽然时间很短，但是，起义的英雄们血沃中原，催发了更大规模反秦的春草。公元前206年，项羽率军消灭了秦军主力，刘邦率兵攻入咸阳，俘虏了秦王子婴。一场更加猛烈的抗秦风暴，以它汹涌澎湃的浪潮，终于推翻了秦王朝的罪恶统治。

这就是历史，这就是在神秘的黄土层下埋藏了2200多年的一段悲壮的历史！

"遗镞至今埋野草，田夫雨后辍耕看"，历史的回声，是何等悠远、绵长啊!如今，曾经叱咤风云的陈胜王，曾经撼动了秦二世胡亥宝座的陈胜王，静静地长眠在今河南永城市芒砀山中的一堆荒冢之下……可是，他和吴广率领的抗秦英烈们创造的那一段光辉历史，却仍旧像大泽惊雷一样，千秋万代，不绝于耳，久久地、久久地在人间轰鸣……而作为存留下来的唯一历史见证，只能是那一座历经2000多年风雨剥蚀的涉故台了。

涉故台上，原有明朝万历年间乡人集资修建的钟楼、寺庙，并铸有铁钟一口。此外，还有明万历，清道光、光绪和民国年间所立的石碑四块。后来，这些建筑物都在天灾人祸、兵燹战乱中湮灭了。而今，只有四块遍体鳞伤的石碑，默默地伫立在涉故台上，呼应着台上的那一口龙眼井、台下的篝火狐鸣处、鱼腹天书湾和七十二连营，向人们讲述着遥远年代的遥远故事。为了让后人更好地了解这一段历史，1984年，政府部门又于涉故台前树起了一座高11米、宽6.5米的陈胜、吴广雕像。14块黑色的大理石，凝固了2200多年前那惊天动地的一幕。1991年建成的陈胜、吴广起义陈列馆——鸿鹄苑中，东西两壁嵌满了当代知名人士的碑刻书法作品，引导着人们去探寻中国第一次农民大起义的足迹……

从涉故台南行约1公里，有一座立于平畴之上的土丘，当地百姓称

龙眼井

之为"雪花山",传说为陈胜的妹妹雪花的墓冢,故也称"雪花公主墓"。雪花其人,史书上未见记载,纯属民间传说、民间故事演绎出来的人物。传说中的雪花,是一位提刀跨马、冲锋陷阵的女杰,她跟着哥哥陈胜南征北战,辅佐陈胜登上王位。传说中还谈到陈胜、雪花就是离涉故台不远的西陈村(又称铁棍陈)人,所以,在义军起义失败之后,雪花姑娘马革裹尸,返回故乡,被乡亲们安葬在这里……大泽乡一带还流传着这样的民间传说:在雷雨到来之前湿热天气的特殊条件下,人们不止一次地看到一位威风凛凛的将军,全身披挂,手执长剑,骑一匹扬鬃奋蹄的烈马,在涉故台下的平野上纵横驰骋……那就是返回故乡探望父老乡亲的陈胜王……

　　神奇的传说和故事虽然不足为信,却真实地反映出大泽乡人对陈胜的爱戴和深情,他们为中国第一次农民大起义爆发在故乡的土地上而深感自豪和骄傲。流传在这一方土地上的民间故事还有很多,其中有一则颇能给我们以深刻的启迪——陈胜、吴广率领义军攻下陈之后,建立了"张楚"政权,立陈胜为王。这位农民起义的领袖派出大将周章西征秦都咸阳之后,自己却住进豪华的皇宫享受荣华富贵去了。有一天,几位曾经和陈胜一起在故乡为财主当过长工的乡亲,结伴来到京城,想找陈胜叙旧。在戒备森严的皇宫门口,一位年轻的同乡对门官说道:"俺们几个跟胜哥儿是自小在一起光屁股长大的好伙伴,快叫他出来迎接大伙!"门官如实通报后,陈胜"龙颜大怒",认为是冒犯了他的皇帝威仪,喝令将那位年轻人于宫门之外斩首示众。另一位年轻的同乡十分不满,对门官说:"你再替俺们向胜哥儿通报一声,俺们几个人当年给财主当长工的时候,一块受苦受累,一块忍饥挨饿。有一次,俺们给财主家割豆子,狠心的老财给长工们送来的午饭,只有一砂罐能照见人影儿的稀饭,里面有很少儿颗豆子。胜哥儿在盛饭的时候,不小心绊了了镰刀,一下子把砂罐打破了……当时,饿极了的胜哥儿猛地趴在地上,用嘴去啜那地上的黄豆粒儿……"门官再一次如实禀报了这位年轻人的话,可怜这位乡亲也落了个"宫门斩首"的同样下场。这时候，一位年龄稍长的同乡对门官说："有劳门官大人再给皇上禀报一声，你就说：当年跟着皇上手持勾镰枪，攻破瓦罐城，捉拿豆将军的弟兄们朝拜皇上来了。"门官再次如实禀报，陈胜心中深感愧疚，面有惭色，终于走下金阶，迎接众位乡亲……

这是一则人民性极强的民间故事，而且有着深刻的现实意义。

涉故台下，还有一株铁干虬枝、古朴苍劲的柘树。无论是从文学、美学和植物学的任何一个角度来衡量，这都是一株不可多得的奇树。斑痕累累、坚如铜铁的躯干，曲曲弯弯、昂首向天的雄姿，使得这株饱经沧桑的千年古柘酷似一条扶摇直上九天的苍龙，因此，大泽乡人便把它称作了"柘龙"。柘龙是大泽乡人苦难历史的见证，也是大泽乡人步入新时代的象征。"二月二，龙抬头"，这一片多灾多难的土地，正像这条柘龙一样，伴着轰鸣的春雷，信心百倍地飞向广阔的天宇。

清人梅奎璧在他的《蕲上怀古》中唱道："马嘶恍听秋风动，弓影空悬夜月阑。"20个世纪，在月缺月圆中流逝，漫长的岁月，并没能湮灭这一段悲壮的历史，涉故台也依然矗立于天地之间。今天，当人们登上这座古老的历史制高点时，便会发思古之幽情，唐代诗人陈子昂的《登幽州台歌》，也便会穿过历史的时空，深沉地在耳畔回响起来：

前不见古人，后不见来者。

念天地之悠悠，

独怆然而涕下。

柘龙树

这一古今称颂的名篇，与涉故台这苍凉古朴的格调何等和谐！苍古沉雄的诗句所透露出的神韵，不就是涉故台的灵魂吗？

哦，涉故台，涉故台……

车马远惊聒　鱼鸟忘嫌猜
——记灵璧张氏园亭

集仙昔荣养，卜筑循兰陔。深径万株合，清池百亩开。

飞梁荫菡萏，攒栋跨崔嵬。淮海剧红药，潇湘移翠栽。

岱松佩萝茑，海石糊莓苔。车马远惊聒，鱼鸟忘嫌猜。

病客倦舟楫，寻春此裴徊。闰年物候迟，前日已闻雷。

薄景未曦雪，东风新破梅。主人京洛旧，杖屦容参陪。

指我艮隅地，方营秋月台。眼明壁间字，醉墨题东莱。

短句颇清绝，早推能赋才。殷勤卷白苎，为尔拂尘埃。

安得一携手，更倾林下杯。酒阑话平昔，岂复顾形骸。

行役浸相远，人生信悠哉。薄暮重回首，长哦归去来。

这是北宋著名诗人贺铸《游灵璧兰皋园》诗。诗前原有小序，介绍诗的写作背景："集贤张校理治此园以奉亲，因名兰皋。戊辰二月，余舟行次灵璧，访张氏子硕，于园中诸亭壁间，得故人东莱寇元弼三四诗，因继题十八韵，兼简元弼。"诗歌饱含向往、极尽铺排地向人们描写了一个世外桃园般的风景胜地。这里清池百亩，荷花争艳；翠树万株，鸟声时鸣；茑萝梦月，海石糊苔；殿阁崔嵬，深径蜿蜒；倦客移舟，寻春徘徊；林下数杯酒，携手一番话；"行役浸相远，人生信悠哉"。此情此景，怎不让人流连？

灵璧兰皋园，即灵璧张氏园亭，为宋仁宗时殿中丞张次立的庄园。据张氏家谱记载：张氏园亭始建于960年（一说始建于宋天圣年间，即1024～1032），之后历经"五十余年"之久的建设，蔚为壮观。后毁于兵燹战乱。张氏园亭遗址，位于灵璧县城西关外今糖业烟酒公司宿舍处，坐落在汴水北岸，引汴河水入园，其建筑继承了我国古代园林的"借景"手法，融山河之美于一园，为典型的园林建筑风格。今虽已夷为丘墟，但从苏轼《灵璧张氏园亭记》和《墨庄漫录》等史籍的记载里，仍能想象到昔日的风采。盛景不在，但苏轼笔下留名的一块历史遗石仍在，它成为园亭昔日风采的见证，这块被称作"丑石"的大型园林磐石重约6吨，由于历史的原因，历经种种磨难和创伤。2002年以前石体的大部分曾被埋入土中，几乎被世人遗忘，直至该遗址被批准为文物保护单位后，在灵城张氏后裔的大力援助下，将"丑石"掘出，砌台放置，供游人观赏。

兰皋原指水畔有兰草的高地。水边多曲折的高地为皋，兰的生长习性喜高而富水分的地方，故水边高地多有兰。兰皋园在古汴河岸边，取名兰皋再适合不过了。兰皋园的取名还有另一层深意——兰皋园典出屈原《离骚》："步余马于兰皋兮，驰椒丘且焉止息；进不入以离尤兮，退将复修吾初服。"屈原的诗抒发了进取不成则远离世俗的矛盾情怀，身处仕途的园亭主人希望藉此园作为自己和子孙后人心灵栖息的退身理想归宿。

自屈原、陶渊明之后，归隐田园是古代士大夫所津津乐道的一种生命情怀，也是士大夫独善其身的手段。封建社会"伴君如伴虎"，动辄得咎，更有权臣宵小勾心斗角，仕途凶险，瞬息万变。这种情况下，进固然能建功立业，流芳百世，但是"进不入"时，只能退而独善其身。进与退是古代文人士大夫矛盾的而又普遍的精神追求，田园之乐成为古代文人士大夫的心灵家园。

兰皋园的确是理想的归隐清幽之地。从地理位置看，它依傍汴河(即隋唐大运河的一段)而建，引水入园，具有"家在水上，水在院中"的苏杭韵味，由交通枢纽大运河可以直接乘舟入园，也可以由园入河，出游十分方便；从建筑规模上看，也可谓壮观，贺铸说它"深径万株"树、"清池百亩"荷，更有"红药""岱松""萝茑""奇石""新梅""亭台"，可见是个大型园林。清人贾之坊称园主曾任北宋平章政事

（即宰相）。根据当时的住宅与身份相称的制度，可以想到，张氏园非一般园林可比。

张氏兰皋园在当时已声誉遐迩。文人名士多慕名来访，并无一例外地对它的清幽发出由衷的赞叹，被誉为"唐宋古文八大家"之一的曾巩有《访张氏园亭》诗三首：

一

梨枣累累正熟时，粟田鹑兔示争肥。

园亭尽日追寻遍，只欠厌厌醉始归。

二

汴水溶溶带雨流，黄花艳艳亦迎秋。

看花引水园林主，应笑行人易白头。

三

秫地成来多酿酒，杏林熟后亦留钱。

不须置驿迎宾客，直到门前系画船。

不仅名士臣子，甚至连皇帝都知道了张氏兰皋园，并搜刮了园亭的宝贝——灵璧石。灵璧石被称为"天下第一石"，灵璧张氏兰皋园里有不少精品灵璧石，当时身为彭城（今徐州境内）太守的苏轼酷爱灵璧石，张氏园蓄石既多又奇，因此吸引了酷爱石头的苏轼，他曾多次来到张氏园中，又作画，又题字，又撰文，甘愿用自己的心血结晶的翰墨艺术去换取浑朴天成的大自然艺术。有一次苏轼邀请荆溪居士蒋淑颖、宿州太守礼安中于张氏园中痛饮，不料苏轼因饮酒过量，竟醉卧在园中一块名为"小蓬莱"的奇石上，待苏轼稍醒酒后，在他醉卧的奇石上题写了几个字："东坡居士醉中观此石洒然而醒。"蒋淑颖见之复题云："荆溪居士暑中观此石爽然而凉。"礼安中题其后云："紫溪翁大暑醉中读三题一笑而去。"园主张氏得此墨宝，皆刻于石。此石一经苏轼等人题词，名声大振，时称此石为"天下第二块醒酒石"（第一块为唐宰相李德裕平泉庄园名为"醉卧即醒"的石头）。皇帝宋徽宗知道了这件事，后来想方刮把兰皋园的这块石头搞到禁中去了。

跟张氏兰皋园缘份最深的名人要数苏轼。苏轼在张氏兰皋园留下了不少传闻、踪迹。相传张氏园亭有苏东坡著名对联遗文："园林春阳鸠唤雨，亭台日暖蝶翻风"。一次在园中观赏灵璧石时，苏轼于张氏园中砌台下见到一块灵璧石状如麇鹿宛颈，被深深吸引，当场作《丑石风竹图》，主人欣喜万分，就把这块石头相赠。据了解，苏轼曾经数次来到张氏园，仅为灵璧石作诗文就达30多篇。

不仅如此，张氏兰皋园还成为苏轼的荣辱之地。

荣的是，一代文豪苏轼在这里创作出千古美文《灵璧张氏园亭记》。《灵璧张氏园亭记》是一篇600余字的短文，载于《苏东坡全集》，为历代文人所称颂。清代著名古文家姚鼐将其收入权威文选《古文辞类纂》一书，清人贾之坊则表达了自幼即对苏轼此文"玄赏"的心情：

少时玄赏在苏文，何意园亭种白云。

张氏裔孙我季冉，汴河古岸尔榆口。

画中风竹疑成韵，记上池台总不闻。

数百年来回地轴，平章事业问诸君。

——《访张氏园亭有感》

清人汪元淑《同友人寻张氏园亭》诗曰：

坡仙文字古园亭，莫问园亭地几经。

赖有青山新气色，问知汴水旧清泠。

花开花谢同刘项，人去人来自日星。

世间手笔能千载，长取河山在记铭。

辱的是，正是这篇美文成为他身罹"乌台诗案"差点葬命的主要证据之一。《灵璧张氏园亭记》写出后即得到人们争相传抄，有人慕名专程来访张氏园，有人题诗相和，这篇美文也因为广为人知，而被政敌攻击，成为乌台诗案的主要罪状之一。

乌台诗案因苏轼而起，是中国历史上一起著名的文字狱。牵连官员包括司马光、苏辙、驸马王诜等39人，成为清代那场文字狱的先河。

《灵璧张氏园亭记》作于元丰二年（1079年），这年3月苏轼由徐州改任湖州，途经灵璧，游览张氏兰皋园。张氏兰皋园"蒲苇莲芡，有江湖之思。椅桐桧柏，有山林之气。奇花美草，有京洛之态。华堂厦屋，有吴蜀之巧。其深可以隐，其富可以养。果蔬可以饱邻里，鱼鳖笋茄可以馈四方之宾客。"园之百物，无一不可人意，无处不暗合了苏轼的生活理想，美景留人，他恋恋不舍，表示将来要"将买田于泗水之上而老焉。南望灵璧，鸡犬之声相闻，幅巾杖屦，岁时往来于张氏之园。"

世外桃园般的兰皋园，也引发了苏轼关于出仕和隐居的看法。"开门而出仕，则跬步市朝之上；闭门而归隐，则俯仰山林之下。"点出张氏园亭"可隐可仕"之妙，可仕就积极进取，抓紧时机；不可仕就彻底放弃，修身养性。治世出仕，浊世归隐，这本是刚正之士保守情操的唯一选择，但是时过不久，这篇文章却成了政敌弹劾他的口实之一。当年7月，李宜之上书皇帝，说苏轼写这篇文章"是教天下之人无尊君之意，亏大忠之节"，"废为臣之道"。加上李定、舒亶、何正臣等人对苏轼其他诗文断章取义，大肆诬陷说他"衔怨怀怒""指斥乘舆""包藏祸心"。苏轼衔冤蒙屈，被捕入狱，"乌台诗案"由此开始。

其实，比起贺铸在张氏园写下的"行役浸相远，人生信悠哉。薄暮重回首，长哦归去来"的诗句，苏轼的诗意要积极一些，同时代、同情怀而不同命运，可见仕途凶险。

苏轼被捕后，其家眷从湖州返京途中，"至宿州，御史符下，就家取文书。"官兵把苏家所乘船只团团围住，并上船搜取苏轼的"罪证"，使苏家老小很是惶恐。官兵走后，苏轼的妻子认为都是写书惹的祸，气骂道："是好著书，书成何所得，而怖我如此！"于是"悉取烧之"。苏轼出狱之后，整理书籍时发现"已十亡七八矣"。

乌台诗案至当年11月29日结束，历时5个月。在众人的营救下，苏轼幸免一死，被贬为黄州团练副使，被牵连的官员分别遭到贬官或罚款的处罚。乌台诗案尽管是一场虚惊，但炼狱般的折磨使青年苏轼（时年42岁）洞明了世事，成为苏轼人生的一大转折点，他由此变得心胸豁达、随遇而安。"平生文字为吾累，此去声名不厌低。"出狱当天，苏轼就写下这样的诗句，到黄州后，他给自己取号"东坡居士"。

张氏兰皋园毁于何时，没有确切的考证。古汴河到了南宋由于不断淤积，最终沉于沙底，没有了汴河的张氏园自然失去了得天独厚的滋润，加上南宋时期淮北地区成为宋金交战的前沿，兵燹战祸此起彼伏，这片世外桃源幽静不在，它的荒废已成必然。如今张氏园已成空迹，但是贺铸、苏轼等人笔下的田园之乐却历久弥"美"，像《离骚》《桃花源记》《归去来辞》一样，滋养了一代代人，成为人们的心灵家园，张氏园留给人们的精神、理想魅力依然为人推崇。

灵璧张氏园亭记

道京师而东，水浮浊流，陆走黄尘，陂田苍茫，行者倦厌。凡八百里，始得灵璧张氏之园于汴之阳。其外修竹森然以高，乔木蓊然以深。其中因汴之余浸，以为陂池，取山之怪石，以为岩阜。蒲苇莲芡，有江湖之思。椅桐桧柏，有山林之气。奇花美草，有京洛之态。华堂厦屋，有吴蜀之巧。其深可以隐，其富可以养。果蔬可以饱邻里，鱼鳖笋茹，可以馈四方之宾客。余自彭城移守吴兴，由宋登舟，三宿而至其下。肩舆叩门，见张氏之子硕。硕求余文以记之。

维张氏世有显人，自其伯父殿中君，与其先人通判府君，始家灵璧，而为此园，作兰皋之亭以养其亲。其后出仕于朝，名闻一时，推其余力，日增治之，于今五十余年矣。其木皆十围，岸谷隐然。凡园之百物，无一不可人意者，信其用力之多且久也。

古之君子，不必仕，不必不仕。必仕则忘其身，必不仕则忘其君。譬之饮食，适于饥饱而已。然士罕能蹈其义、赴其节。处者安于故而难出，出者狃于利而忘返。于是有违亲绝俗之讥，怀禄苟安之弊。今张氏之先君，所以为其子孙之计虑者远且周，是故筑室艺园于汴、泗之间，舟车冠盖之冲，凡朝夕之奉、燕游之乐，不求而足。使其子孙开门而出仕，则跬步市朝之上，闭门而归隐，则俯仰山林之下。于以养生治性，行义求志，无适而不可。故其子孙仕者皆有循吏良能之称，处者皆有节

53

士廉退之行。盖其先君子之泽也。

余为彭城二年，乐其土风，将去不忍，而彭城之父老亦莫余厌也，将买田于泗水之上而老焉。南望灵璧，鸡犬之声相闻，幅巾杖履，岁时往来于张氏之园，以与其子孙游，将必有日矣。

元丰二年三月二十七日记。

垓下古战场

垓下位置考证

司马迁在他的《史记》中描述了一场发生在宿州这片古老土地上的惨烈战争——垓下之战。

据《辞海》所载：垓下，"古地名。在今安徽灵璧县南沱河北岸。公元前202年，汉、楚两军在此决战，项羽军被击溃于此。"

垓下为秦时所置。据《史记·索隐》记载："张揖《三巷注》云：垓，堤名，在沛郡。聚邑在堤侧，故名垓下聚。"又据《集解》称：垓下"在沛（郡）之洨县"。《水经·淮水注》载：洨水又东南流经洨县故城北。县有垓下聚，汉高祖破项羽所在也。据考古工作者实地考察，洨水，即沱河，流经今灵璧县韦集镇南境，东入五河县注入淮河。司马迁在《史记·高祖本纪》和《史记·项羽本纪》中分别这样记载："五年，高祖与诸侯兵共击楚军，与项羽决战垓下，淮阴侯将三十万自当之，孔将军居左，费将军居右。皇帝在后。绛侯、柴将军在皇帝后。项羽之卒可十万。淮阴先合，不利，却。孔将军、费将军纵，楚军不利。淮阴侯复乘之。大败垓下"；"项王军壁垓下，兵少食尽，汉军及诸侯兵围之数重。夜闻汉军四面皆楚歌，项王乃大惊曰：汉皆已得楚乎？是何楚人之多也！"……

郭沫若先生在他主编的《中国史稿》中写道：项羽退至垓下（今安徽灵璧南沱河北岸），被汉军包围。此后许多有关的书刊也都沿用了这一说法。中华地图学社出版的《中国历史地图集》也在有关的图表中将垓下标注在沱河北岸。垓下之战是一场规模浩大的战争，楚汉双方在这里集结了70多万人马，垓下古战场涉及的范围，应该是涵盖灵璧、固镇、五河、泗县这四县交界处百余平方公里的辽阔区域。正如现代的淮海战役一样，战争的双方集结了100多万军队，从地域上来看，包括了西自河南商丘，东至东海，北自山东临城（今薛城），南至淮河的广大地区。因此，在这一区域内，都应该称作淮海战场。而垓下，则是楚汉战争最后决战的战场。

从现在仍存留于地面上的遗址来看，垓下古战场范围的辽阔也会呈现出一个大致的轮廓。

战争遗址很多，仅灵璧县境内就有霸王城、虞姬墓、霸离铺、吹箫台、散楚山等处。明代诗人马蕙给我们留下了这样的诗篇："天空野火连垓下，落日苍烟接沛中。惟有磨旗踪迹在，年年常见白云峰。"诗中所涉及的"磨旗"，在彭城（今江苏徐州）北之九里山。《大明统志》记载："樊哙磨旗石在九里山，旧志作磨旗石。"九里山之战时，韩信在团山设伏兵与项羽大战，樊哙在山石上竖起一面大旗，以左右摇动作为信号，指挥战斗，此石即为磨旗石。

九里山一战，楚军失利，败走垓下。在今天的徐州和灵璧县域之间的尹集镇，留下了一处项羽屯兵的地方，至今仍称霸王城村。这里的城垣，仍清晰可见，地面上，还能捡到秦砖汉瓦的残片。无独有偶，在灵璧县城东南方向的泗县墩集镇，也有一处项羽屯兵的霸王城，不过，这一处霸王城已改名为任集村了。城址坐落在古石梁河东岸，城垣轮廓更加清晰，保存得比较完好，甚至还能找到一条穿越城墙注入南城河的下水道。尚存的城垣，在许多地方居然还有三四米高。据考古专家确认，这是一座战国时期的古城，汉代时曾进行过加筑。这里的地面上，秦砖汉瓦的残片，也时有所见。而这两处霸王城，在地理位置上有百里之遥。两处遗址距离最后决战的战场都比较远，所以，只能是垓下之战的外围战场。

现在，让我们走进垓下古战场，去感受楚汉战争最后一仗的惨烈，

去探寻垓下之战的演绎轨迹。

兵困垓下

公元前209年，陈胜、吴广领导的中国第一次农民大起义，在秦二世胡亥的残酷镇压下，终于以失败而告终。然而，反抗暴秦的烽火不仅没有熄灭，反而更加炽热地燃烧起来。其中，刘邦和项羽领导的两支武装力量，堪称反秦的主力。

早在陈胜、吴广初起之时，各地大大小小的反秦武装便群起响应。那时候，项羽还在江东吴地随其叔父项梁从事反秦的斗争，他们尚未与陈胜取得联系，当然也没有统属关系。后来，陈胜在西进途中遭受秦兵的重创，才与项梁取得联系，并拜项梁为"上柱国"，令他引兵西进抗击秦兵。

项梁和项羽毫不迟疑，立即带领八千子弟兵渡江西进。那一年，项羽年仅24岁，正值血气方刚、英姿勃发的年华。

作为未来的西楚霸王，年纪轻轻的项羽，已经显示出过人的才气、

安徽省级文物保护单位——虞姬墓外景

超人的胆略和远大的抱负。有一次，秦始皇游幸会稽，项羽见后曾说："彼可取而代也。"这一句话，显示了项羽在政治上的勃勃雄心。在秦朝灭亡以后的岁月里，他的这一雄心越来越具有得以实现的可能性，他的行动，也一直是在为实现这一目标而奋斗。

秦朝末年，是一个"乱世英雄起四方"的年代，迫于秦王朝残酷的暴政，老百姓难以承受繁重的赋税和徭役，陷于民不聊生、水深火热的灾难之中，因此，不少人逃亡山林川泽，伺机反抗官府。官逼民反，民不能不反，这些啸聚山林的绿林好汉，见诸记载的就有巨野泽中的渔人彭越，亡命江中的骊山徒黥布，还有逃亡泽中的桓楚……特别值得一提的，就是活动于芒砀山一带的刘邦了。

刘邦，字季，沛(今江苏省沛县)人，还有一说为丰县人，后迁入沛县。他是一个嗜酒好色、不事农耕的人，后来在家乡当了泗水亭长。刘邦性格豁达，爱交朋友，且志存高远。他曾经到过都城咸阳服役，亲眼目睹过秦始皇出巡的威风场面。他当时曾感叹不已地说："大丈夫就应该如此啊！"

在刘邦青年时代的生涯中，曾经发生过一次斩蛇的故事。司马迁的《史记·高祖本纪》中，有过简略的记载：刘邦酒后率众路经芒砀山下，忽有前行者转回告诉他：前面有一条白色大蛇挡住去路，我们还是回去吧！刘邦于酒醉中说：壮士行路，有什么好怕的！说罢，抽出佩剑，赶到前面，一剑将那条挡道的白色大蛇挥作两段……白蛇流血的地方，长出一片红色的野草。后来，有人在此处看到一位老妪哭诉：我的儿子是白帝之子，变蛇挡道，被赤帝之子杀了……老妪说罢，倏然消失。

从这个故事浓重的迷信色彩来看，很有可能只是一种民间的传说。但传说决非空穴来风，今天的芒砀山下，尚有明隆庆五年(1571年)立的一块石碑，碑额镌刻着"汉高祖斩蛇处"几个大字。据说，刘邦即位之后，也曾在此修庙立碑，以示纪念，但在漫长的岁月中，早已湮灭殆尽了。后来重立的这块石碑，已被当地政府用碑亭很好地保护起来。

类似的民间传说，在淮北平原上还有不少，但都大同小异。在宿州一带，就流传着这样一种版本……

　　公元前211年前后，刘邦奉命押送一批囚徒去骊山修筑秦始皇的陵墓。这些人艰难跋涉，缓缓西行，一路上病饿而死者屡见不鲜。这一天，他们来到了芒砀山下。正行走间，前队忽然有人来报，说是有大蛇挡道，不能前行。众皆骇然。刘邦持剑在手，立即飞步赶至队前，果见一条白色大蛇横卧道中，昂首吐信，凶恶至极。而刘邦却毫无惧色，他挥退众徒，独自腾跃向前，举剑与大蛇展开搏斗。刘邦沉着冷静，瞅准机会，宝剑一挥，将大蛇斩为两段……他的威猛无畏，彻底折服了众人，威信陡增。当时，刘邦深知，虽然斩了白蛇，可是，另外却有一条秦朝的刑律正严重地威胁着众人的生命：误期当斩。刘邦根据从芒砀山到骊山的路程和官府命令到达的时间计算了一下，知道绝对无法按期到达。即使能够如期赶到，由于减员太多，官府也不会饶恕自己的。刘邦和众囚徒意识到，去也是死，不去也是亡，何必千里迢迢地白白去送死呢！他将心一横，对众囚徒说："横竖都是一死，不如在这芒砀山中反了吧！你们也好各自去逃一条生路。"刘邦一呼百应，当时就遣散了队伍。最后，尚有数十名无所归依的囚徒，决心跟随刘邦去闯荡江湖。刘邦立即把众人重新组合，逃入芒砀山中，潜伏起来……这就是千古流传的"汉高祖斩白蛇起义"的故事。

　　再说项梁、项羽率领八千子弟兵渡江之后，消息不胫而走，八方豪杰，纷纷来投。陈婴首先率领他的两万人马归属到"项"字大纛之下。这支军队，是以杀县令而起兵的东阳少年为骨干组成的。两万人马的加盟，使得项氏大军军威大振。接着由骊山刑徒组成的另一支反秦大军，也在黥布的率领下纳入项梁、项羽麾下。这支军队，有着较好的组织纪律和战斗经验，后来成为项羽的得力之师。再后来，又有蒲将军率部来投，项梁、项羽的军队，声势浩荡，愈来愈强。

　　就在这种历史背景下，刘邦的家乡沛县县衙的两位县吏萧何、曹参和狗屠樊哙、吹鼓手周勃等人聚众杀了县官，迎接隐于芒砀山中的刘邦进城，尊为沛公。刘邦立即集合了两三千人，正式树起了反秦的大旗，

宿州文物

并很快汇入项梁、项羽西进击秦的滚滚铁流。其时，韩信也率部投到项军帐下。半年之内，项羽的军队由8000人迅速壮大为六七万人。而刘邦在西进击秦的历程中，也日益羽翼丰满，最后终于成为与项羽旗鼓相当的两支反秦劲旅。

公元前206年，刘邦奉他和项羽拥立起来的楚怀王之命，一路西进，夺关斩将，攻占了秦都咸阳，一举推翻了秦王朝的统治。其时，项羽则以次将身份，与上将军宋义、末将范增率兵驰援被秦将章邯围困的赵国邯郸。项羽击败章邯之后，立即回师西进，大破刘邦派重兵把守的函谷关，屯扎于新丰、鸿门一带。二人相约鸿门聚会，刘邦差点被项羽杀掉，这就是历史上有名的"鸿门宴"。之后，项羽入咸阳，大肆杀戮，处死了秦朝降王子婴，并放火焚烧了秦朝宫室，火光冲天，延续三月而不灭。之后，又掠其财宝、妇女，迁往江南，同时派英布将自己佯尊的楚怀王(义帝)追杀于郴县，自立为西楚霸王，定都彭城(今江苏省徐州市)。接着，项羽又大肆封了17个王，将刘邦封为汉王。刘邦当然不服，于是，双雄并起的两位反秦武装领袖，在打垮了共同的敌人之后，立刻变成了为争夺封建统治权的政敌，并展开了一场长达五年之久的楚汉战争。

刘邦以萧何为丞相，拜韩信为大将，从汉中发兵，东进洛阳，并以为义帝发表的名义，讨伐项羽。他亲率56万大军，一举攻入彭城。项羽以3万人马大破汉军。刘邦逃走，其父与妻吕氏皆被楚军俘获。汉王二年(公元前205年)，刘邦立儿子盈为太子，令萧何辅佐太子，留守关中，调兵运粮。经过两年的转战、相持，汉王四年(公元前203年)，项羽粮尽，与汉议和，以鸿沟为界，沟西属汉，沟东归楚。汉王五年(公元前202年)10月，刘邦撕毁了墨迹未干的鸿沟盟约，亲率大军追击向彭城撤退的项羽。追到阳夏(今河南太康)的南边，他下令停止追击。12月，刘邦采用了张良、陈平的意见，并与韩信、彭越等诸侯合兵。其时，韩信的30万兵马自齐南下，切断了项羽向彭城的退路。彭越率领的数万兵马在固陵与刘邦会师后，担任了主攻。刘贾与英布自寿春北上，切断了项羽南逃之路。五六十万汉军将项羽的10万兵马围困在了今安徽省灵璧县东南约20公里的垓下。韩信设下十面埋伏，使得楚军难以突围，决战的时刻来到了。

霸王别姬

时值腊月，天寒地冻。项羽知道自己的军队人困马乏、弹尽粮绝，而且饥寒交迫的楚军与汉军在力量上也难以对比，力量悬殊太大。项羽清醒地认识到形势十分严峻，心中惶恐不安。他夜不能寐，借酒浇愁，饮于帐中。此刻，常常伴随项羽征战的虞姬，深深理解项羽的心情，于军帐之中献舞进酒，以慰藉丈夫那颗忧虑的心。这时候，张良命汉军士兵唱起了楚歌。在帐中饮酒的项羽闻听帐外四面楚歌，以为汉军尽占楚地，他知道军情有变，大势已去。面对伴随自己多年的爱姬，面对背负自己征战南北的乌骓骏马，项羽不禁感慨万千，慷慨悲歌：

力拔山兮气盖世，时不利兮骓不逝。

骓不逝兮可奈何，虞兮虞兮奈若何！

虞姬双手持剑，载歌载舞，她知道，与丈夫诀别的时刻到了。为了不让项羽分散精力照顾和牵挂自己，以便集中精力突出重围，她已经下定了用自己的生命去殉项羽霸业的决心。于是，军帐之中，响起了她那哀婉凄绝的歌声：

汉兵已略地，四方楚歌声。

大王意气尽，贱妾何聊生。

……

一曲歌罢，引颈自刎，满腔碧血，洒落君前，一幕霸王别姬的悲剧，千古流传至今……

虞姬死后，项羽悲痛至极。他命楚军将士于突围途中草草筑成荒冢一座，掩埋了爱姬的遗体。然后，他率领幸存的800名子弟兵，杀开一条血路，朝东南方向逃去。过了淮河之后，身边的将士仅剩100多人。当他们逃到今安徽省和县西北的乌江渡时，只有28骑了。项羽哀叹："此天之亡我，非战之罪也。"项羽又考虑到曾跟随他渡江西进的8000名子弟兵已全军覆没，自觉"无颜见江东父老"，谢绝了当地一位亭长要用舟船渡他过江的好意，并将心爱的乌骓战马赐予了亭长，然后，率领残兵，与追兵展开了最后的血战。项羽骁勇无比，视死如归，他奋起神威，独自一人连杀汉兵数百，自身也受伤十余处。战到最后，项羽认出了面对的敌将竟是他的故人——汉军骑兵司马吕马童。项羽说："我听说你们悬赏千金万户购我的头颅，我就成全了你吧！"说罢，仰天长啸，拔剑自刎。一位失败了的英雄，就这样结束了年仅32岁的生命，同时，也宣告了这一场旷日持久的楚汉战争正式结束。刘邦遂即皇帝位，建都长安，史称西汉。

这就是历史，这就是楚汉相争的历史！虽然这段历史距今已有1700多个春秋，但是，它的足迹并没有泯灭，战争的遗迹依然存在。

古战场的遗址，位于灵璧县以南的沱河北岸、今天的城后村一带，是一片北部平缓、南部陡峭的高岗绝崖，高度在15.2～18.7米之间。这里的汉墓群颇多，与沱河北岸其他地方的汉墓群连成一片，构成了一个长约13.5、宽约4公里的汉墓群落带，曾有大量汉砖、汉瓦和楚汉兵器等文物出土，现为省重点文物保护单位。

漫步在垓下古战场上，人们的脚步会不约而同地走向一个地方，走向一个巾帼英魂的最后归宿——虞姬墓。

虞姬墓坐落在灵璧县城东7.5公里的宿(州)、泗(县)公路南侧。原墓区范围较小，东西长约100米，南北宽仅20米。1979年，灵璧县人民政府根据人民的意愿，拨出专款，重新覆土修筑了墓冢，并将在"文化大革命"十年动乱中惨遭破坏的清代和民国时期所立三块墓碑精心修复，立于墓前。1982年，又征用土地，扩大墓区，筑起围墙，建起了门楼，整个墓区，扩大到3942平方米，并在墓园的一侧，建立陈列馆一处，为这一省重点文物保护单位充实了不少内容。比如：大门的门楣上方镌刻下方毅题写的"虞姬墓"三个大字，字体遒劲有力，沉雄中透着飘逸。墓园中新建了一排碑廊，廊壁上镌刻着一幅又一幅的名人题辞。陈列馆

虞姬墓陈列馆中的霸王与虞姬雕像

内，是一尊"霸王别姬"的雕塑，令人惊心动魄的艺术作品，凝固了2000多年前那个悲壮而又哀婉的历史瞬间……

虞姬墓前，有墓碑一块，碑额上横书四个大字：巾帼千秋。两边有石刻楹联一副：虞兮奈何，自古红颜多薄命；姬耶安在，独留青冢向黄昏。高大的墓碑上，镌刻着八个苍劲的大字：西楚霸王虞姬之墓。"霸王别姬"的动人故事，作为一段历史佳话，广为流传。历代的骚人墨客，或专程拜谒，或路经灵璧，都要到这里凭吊一番，并留下一些诗词、楹联。清人杨兆辄的一首《虞美人》，真实而又生动地再现了霸王别姬的情景：

楚歌声中愁云起，夜帐明灯里。振衣起舞拭龙泉，拼取一腔热血洒君前。

顾骓无语军情变，似雪刀光乱。桃花片片堕东风，化作原头芳草泪丝红。

怀着对这位巾帼女杰的眷念之情，每当清明时节，远远近近的人们，总会络绎不绝地来到这里，用各种形式寄托自己的哀思和敬意。霸王别姬的一幕，还大量出现在民间说唱、影视戏曲和民间传说中。在宿州，就流传着不少关于虞姬的民间故事，其中有一则"哭活头"，几乎是家喻户晓，人人皆知。故事说：虞姬在刎颈身亡之后，悲痛万分的项羽把爱姬的头颅割下，藏于甲胄之内，然后，跨上乌骓战马，率众杀出重围。来到一条干涸的小河汊边，项羽捧出爱姬的头颅，放声大哭。想起虞姬多年来随同自己南征北战、戎马倥偬的生涯，想起夫妻二人恩恩爱爱、相濡以沫的情景，项羽愈加悲痛，不能自已。正痛哭间，忽见虞姬慢慢睁开了双眼，凄楚地望着自己心爱的丈夫……项羽一见，更是悲痛欲绝。他正要与妻子说上几句话，忽闻身后杀声顿起，原来是追杀自己的汉军到了……项羽一见，立即将爱姬的头颅重新收起，催动乌骓，继续向南方奔去……

由于在当地的方言语音中"活""河"二字同音，所以，在后来的岁月中，原来叫作"枯河头"的地方，被演绎成了"哭活头"。这一段凄美的民间故事，既反映了人们对项羽和虞姬忠贞爱情的赞美，也寄托着人们对他们二人绵绵不绝的哀思……

安徽省重点文物保护单位——虞姬墓

古战场上每一座墓草青青的荒冢，每一个锈迹斑驳的箭镞，每一柄宝剑的残片和每一段残砖断瓦，甚至那一蓬衰草、一朵野花，都会向人们述说出一段不为人知的故事。在这里，生长着一种不知名的野草，春来萌发，经夏葳蕤，待到秋凉时节，西风乍起，野草就会变得一片殷红。在人们的传说中，生长这种野草的地方，就是虞姬最后唱和霸王"垓下歌"的地方。秋风中那野草殷红的颜色，就是虞姬用鲜血染红的……于是，人们便把这种野草叫做了"虞姬草"。这里还有一种传说：垓下之战结束后的第二年春天，在虞姬自刎的地方，生长出一种谁也不曾见过的野花。这种野花艳丽无比，花瓣血红，看一眼就会令人心灵颤抖。此花的身姿柔韧刚劲，婀娜多姿，春风吹来，翩翩起舞……人们说，这种野花的颜色，也是虞姬的鲜血染成的，于是，野花也被赋予了一个美丽的名字：虞美人。而在后来的岁月里，骚人墨客还用这种野花的名字作为一种词牌的名字，填词作曲，深情地吟唱，寄托着对这位巾帼女杰的深情……在冬日的炉火旁，在夏日的柳荫下，你还会听到人们绘声绘色地讲述着各种各样与垓下之战有关的故事，并不容置疑地告诉你：在朔风怒吼、寒雪飘飞的严冬深夜，有人曾亲耳听到过古战场上那让人心惊胆战的哭声……是无辜楚军将士的哀鸣，还是虞姬肝肠寸断的呜咽？也许什么都不是，而只是朔风低沉的吼声而已……

吊古战场

垓下古战场的地形地貌基本上是一马平川，山地大都集中在灵璧县的北部。这样的地理环境，最适合战马的驰骋、兵勇的冲杀，双方的兵力都可以得到最极致的发挥。灵璧县境内的山脉，也并非巍峨高耸、直插云天的大山，而只是一些丘陵。在县城的东南方向，有一座低矮的小山，名叫阴陵。山虽不高，名气却很大。因为这里曾经发生过一个"楚霸王夜走阴陵"的故事。

"霸王别姬"之后，项羽开始了最后的突围，过了"枯河头"，他慌不择路，来到了阴陵山下。当时，夜色浓重，路径不熟，项羽终于迷路了。他深知韩信的"十面埋伏"十分了得，前有汉军堵截，后有汉军追击，再加上人困马乏，他再次陷入了走投无路的绝境。眼见夜色中的汉军人马越来越近，项羽催动乌骓战马，正要落荒而逃，突然"轰隆"一声，他连人带马，跌进了一口枯井。追击、堵截的汉军，突然失去了夜色中的目标，乱哄哄地从枯井边跑过，一路搜寻着远去了。

枯井中的项羽，听得地面上汉军的呼喊声渐去渐远，知道自己又暂时躲过了一劫。他从井底站起身来，打算让乌骓马腾跃出井，可是，战马已是精疲力尽，拼却全力跃了数次，都没有成功。项羽冷静下来之后，沿着井壁摸索起来，他希望找到可以放置手脚的地方，自己先爬出枯井，再救自己的战马。突然，他的双手摸到一个出口！虽然有些扁窄，但却可以勉强容他和乌骓马通过。他立刻拉着战马向着这个横向洞穴走去……也不知走了多长时间，前面居然出现了一个通向地面的洞口。走到地面，他看到四野沉寂，天色微明，知道汉军已经远去，立即跨上战马，继续向东南方向奔去……

徜徉在垓下古战场上，一种"暗淡了刀光剑影，远去了鼓角铮鸣"的感觉格外强烈。白骨累累、衰草荒烟的凄凉景象已经渐行渐远，"利镞穿骨，惊沙入面，主客相搏，山川震眩"的惨烈场面，也化作了历史的烟云；但那一场遥远的战争留给人们的思考，却挥之不去。凡是了解这场战争始末的人，都会提出这样一个问题："力拔山分气盖世"的西楚霸王，最终败于刘邦的原因究竟是什么？难道真如项羽所说是"天之亡我，非战之罪"吗？我们可以向魂断乌江的项羽提出一连串的问题：你若是礼贤下士、广纳人才，刘邦会战胜你吗？你如果不逼走韩信，不赶走范增，历史会演变出这悲剧的一幕吗？

在秦朝被推翻以后，与项羽共同反秦的几位领袖便相继与他分离了。刘邦、田荣、陈余等人与他分离自不必说，而原来是项羽部属的韩信和陈平，一个是在刘邦郁郁不得志的时候离楚归汉，一个是在项羽定都彭城自立为西楚霸王的鼎盛时期从楚逃亡而归汉的。楚汉相争之初，彭越持中立立场，既不从楚，也不归汉，但是后来，他也投向了刘邦。

就连曾经跟随项羽出生入死的黥布，最后也离他而去，投奔了刘邦……在这种众叛亲离的情况下，项羽的失败是必然的。

项羽最终是失败了，但他是一位失败了的英雄。在反秦斗争的历程中，项羽立下了赫赫战功，具有战略意义的雍丘之战和巨鹿之战，就是由项羽指挥的。占领了雍丘，杀了秦朝的重要将领李由，极大地震动了秦朝统治集团，引起了集团上层的分裂；巨鹿之战，给秦王朝以致命的打击，意义更加重大。后来，项羽率军渡过漳水，破釜沉舟，九战九捷，大破秦军，取得关键性的胜利。从他率众起义，到全歼秦将章邯大军，他所建立的功勋，决不在刘邦之下。清人王沅曾经公正地指出："首难者虽陈涉（陈胜），灭秦者项王也；入关者虽沛公，灭秦者项王也。"

彪炳煊赫的西楚霸王，就这样化作了历史深处的一缕烟尘。正如清人郑板桥在他的诗篇中所咏叹的那样："霸业一场无片土，美人千载有芳踪。"但是，他那骁勇善战的英武形象，他在反抗秦王朝的斗争中建树的功勋，以及他在鸿门宴上不愿杀害刘邦的诚信品格，都永远地留在了人们的心中。宋人李清照就曾经用她那千古不朽的诗篇，为项羽唱了一曲激越的挽歌：

生当作人杰，死亦为鬼雄。

至今思项羽，不肯过江东。

"英雄若到彭城路，忍听高台唱大风。"历史，就是这样无情地翻卷过去了沉重的一页！"乌江水冷秋风急，寂寞野花开战场"，郑板桥的诗句，向我们提醒了时空的变换。而历史留给我们的，只能是不尽的探索和寻觅……

隋唐运河遗址

出宿州古城，无论是西去河南永城，还是东下江苏淮阴，驱车沿303省道前行时，便会明显地感觉到车子是在一条横贯淮北大地的土垄上前行。从车窗里向南北两侧望去，地势分明缓缓地凹陷，你乘坐的车子，正是在一道宽阔的土垄脊背上急驰……这是一种什么样的地形地貌？这里到底是什么地方？

说来真是让人难以置信：此刻，你乘坐的车子竟然是在沿着隋唐运河的河道旁行驶！1000多年前，这里正是一派帆樯林立、百舸争流的景象！

时空的转换，蕴含着一种何等神奇的力量！

还是让我们浏览一下那一段遥远的历史吧！

周庄王十四年(公元前683年)，历史在这里写下了浓重的一笔：强大的宋国将位于山东东平境内的宿国迁入域内，以为附庸，这才有了后世称为宿州的这一名称。战国时期，这里属楚。秦灭六国，一统天下，推行郡县制，当时的行政区域有了较大的变化。今天的宿州市所属的各个县、区，分别属于砀郡和泗水郡。秦汉时期，这里因其"中原唇齿、徐淮襟喉"的战略位置，已经发展成为九州通衢之邦、舟车会聚之地了。砀邑、萧邑、相邑、蕲县、铚县、符离县等地已经闻名于世。秦皇不事农桑，却醉心于他的霸业和战事，睢南古原上的野草，养肥了他的战马，符离县北的逶迤丘陵，成了他屯兵的绝好去处。秦皇兵强马壮了，而老百姓却陷入了战乱和贫困的无底深渊。符离县北的狭长山谷，也被称为古战道和符离塞。东西对峙的铁青色山崖，满脸凝聚着冷峻和血光，默默地注视着惨烈的厮杀，注视着血流成河、尸横遍野；倾听着战马的嘶鸣，倾听着震天的杀声，也倾听着秋风卷着衰草从累累白骨上吹过时的悲愤与呜咽……斗转星移，流年似水，秦时明月，汉时雄关，在秋风中猎猎飘动的大纛之上，标识又换成了"刘"字和"项"字。楚汉相争，中原逐鹿，40万无辜汉兵的鲜血使得睢水变成了一条血河，血肉之躯，长眠沙场，使得睢水为之断流……三国鼎立，鼓角铮鸣，魏晋时期，南北分壤，刀光剑影之下，百姓苦不堪言，处处呈现出一派"白骨露于野"的荒凉颓败景象。到了隋朝，统一南北，凋敝的农村才开始了缓慢的复苏。然而，大业元年(公元前605年)，穷奢极欲的隋炀帝杨广为了游幸江都(今江苏扬州)，"发河南淮北诸郡民工，前后百余万，开通济渠"。这条通济渠，西起洛阳，直达开封，继续向东延伸，经宿州市的前身——埇桥，东下江苏淮阴。后来，"又发淮南民工十余万开邗沟"，经江都，直通长江，将通济渠延伸为全长650公里。因为通济渠由河南荥阳北板渚至开封的一段是原来的汴河，到了唐代，通济渠就被人们称作汴河了。又因隋炀帝巡幸江都时乘坐的龙舟走的就是这条河道，所以，通济渠又称御河。御河两岸，高筑长堤，南北大堤宽处相距200余米。有的地段堤高达到10米，堤上修筑御道，两旁遍植杨柳，故后人称汴河长堤为隋堤。南宋与金议和之后，以淮河为界，汴河年久失修，逐渐淤塞。到了元代泰定元年(1324年)，黄河改道行故汴渠，仍在徐州合泗水至清口入淮，泗州之汴口遂废，汴水湮塞。加之历史上无数次的黄河夺淮，汴河河床终于淤积为一道高出地面的土垄，默默地横卧在中州平原到淮北平原这一片广袤的平野之上。1000多年的时间，在漫长的历史长河中，仅仅是短暂的一瞬，却已经让我们深深地体会到"沧海桑田"的意味了。

通济渠虽然已经湮灭在历史的烟尘之中，可是，那些饱含血泪的沉重故事，却依然在宿州一带流传。

炀帝，这位骄奢淫逸的一代帝王，为了去江都观看琼花，恣意劳民伤财，极尽挥霍之

大运河遗址宿州宋代码头发掘现场

能事。据有关史料记载:从当时的洛阳至江都,"置离宫四十余所,造龙船及杂船数万艘"。隋炀帝所乘的龙舟,金碧辉煌,豪华至极,犹如一座流动的皇宫。龙舟上下四层,上层"有正殿、内殿、东西朝堂",中间两层"有百二十房,皆饰以金玉","舳舻相接二百余里,照耀川陆","旌旗蔽野"。所用船工纤夫,达8万余人,"皆以锦彩为袍"。"所过州县五百里内进献水陆珍奇"。堆积如山的山珍海味,如何享用得了?结果"多弃埋之"。正当龙舟上笙管齐鸣、花天酒地的时候,却也正是汴河两岸连年灾荒、饿殍遍地的时候。一边是楼船帆影、帝王的穷奢极欲,一边是哀鸿遍野、百姓在死亡线上苦苦挣扎,反差是何等强烈!当时的一位诗人在他的《挽舟者歌》中唱出了纤夫们的悲愤心声:

我兄征辽东,饿死青山下。我今挽龙舟,又困隋堤道。

方今天下饥,路粮无些少。前去三千程,此身安可保。

寒骨枕荒沙,幽魂泣烟草。悲损门内妻,望断吾家老。

安得义儿男,焚此无主尸。引其孤魂回,负其白骨归。

汴河长堤上的岸柳,看惯了隋炀帝的暴虐荒淫,听惯了纤夫们的痛苦呻吟,它们是那一段历史的见证。因此,"隋堤烟柳"便成了历代诗人们吟咏的对象。不论是春天的青青柳色,还是秋天的黄叶纷飞,都能勾起诗人们的联翩浮想。唐人李益就写下了这样的诗句:

汴水东流无限春,隋家宫阙已成尘。

行人莫向长堤望,风起杨花愁煞人。

物极必反。由于隋炀帝的横征暴敛、荒淫无度,老百姓怨声载道、民怨沸腾。大业十四年三月,他再次巡游江都时,"荒淫益甚"。结果众叛亲离,被他的禁军将领宇文化及等人缢杀于江都宫中。一代暴君,就这样化作了扬州城外雷塘荒野上的一堆黄土……

1300多个春秋过去了,汴河残迹犹存。宿州市东沱河闸以西,尚有一段隋堤可见。泗县城西门处,可见明代汴河入城的水关遗址。在泗县城西的303省道北侧,还存有一段古汴河的残迹。

在宿州一带,民间广泛地流传着这样的故事:隋炀帝游幸江都时,适逢宿州大旱，禾苗焦枯，赤地千里，汴河也断流百日。隋炀帝不顾人民死活，只顾自己寻欢作乐，竟然下令沿河百姓用大量黍、稷(一种表面十分油滑的谷物)铺在河底，并选派童男童女拉纤前行。当赤身裸体的童男童女们拼却全力绷紧纤绳时，龙舟上的炀帝却挥剑砍断纤绳，荒淫无耻地寻求刺激……这样的传说，真真假假难以查考。但是，20世纪50年代末期兴修水利工程的时候，在古汴河的河底居然真的发现了大量已经炭化了的黍、稷！

当杨广的荒淫暴虐达到极限的时候，他的生命也就到了终结的时候。水可载舟，亦可覆舟。当人民心中卷起反抗暴君的冲天怒涛时，隋炀帝的龙舟便在顷刻间沉入了滚滚的波涛中……

这就是不可抗拒的历史规律。

隋唐运河初开之时(605年)，并无宿州古城。河开之后，这里有纵贯南北的驿道和隋堤上横贯东西的驿道相交，自然形成了一个带有交通枢纽色彩的水陆码头，于是，人口开始聚居，商贾逐渐云集，便有了后来的埇桥小镇。

唐以前埇桥为镇。到了唐代，由于它地处"汴水上，当舟车之会"，经济自然日益繁荣。这里，每天都有大小船只川流不息的经过，也有数不清的官船、私船停靠码头。沿河的街市之中，客栈货栈，鳞次栉比；酒肆饭庄，处处皆是。人口也迅速增加。显然，埇桥镇已经无法承担这一方经济中心的重任。为了防御淮西叛藩的窜扰，遏制其势力的扩张，保护汴河的漕运，唐宪宗元和四年(809年)，将徐州所属的符离县、蕲县和泗州所属的虹县割出，建立了宿州，治设埇桥，隶属河南道，刺史李汇。元和九年(814年)，又将亳州之临涣县划归宿州。

宿州既建，自然成为这一方的政治、经济、军事、文化中心，它更加快速地繁荣起来，人口也急剧增长，它在各个方面的地位，也愈显重要。据史料记载，当时唐都长安(今西安)所用之米，皆取自苏、浙、皖诸省，每年约在五六百万石之多。如此巨大的数量，可以想见当年隋唐运河负担之重，也可以想见运河之上舟船如梭、风帆如云、桅杆林

宿州市重点文物保护单位——隋唐大运河安徽宿州段

立、纤夫接踵的一派繁忙景象。唐咸通九年（868年），庞勋率领的起义军"掠城中大船三百艘，备载资粮，顺流而下"。这一事件，说明停靠在宿州码头的船只之多，也告诉了我们1000多年之前的古宿州曾经何等的繁荣。在历经漫长的沧桑岁月之后，时至今日，宿州市旧城区的中山街之南，还有大、小河南街沿袭着昔日的名称。

隋唐运河是隋代利用人工开凿的四条运河之一（其余三条为永济渠、邗沟和江南河），在它自河南、经安徽、到江苏所流经的地方，每遇市、县旧域，均穿城而过。自河南的永城，到安徽的泗县，这一条跨省公路基本是沿着唐宋运河的遗址南侧由西向东延伸下来的。它在宿州市域内的宽度，约在80～100米左右。现存的高度，一般都在2～3米之间，有些地段，已不复存在。据沿河的村民介绍，解放初期的"隋堤"，高出地面达5～6米，堤面的中间凹陷，呈现凹槽形，被乡人形象地称为"槽子路"。没有淤塞之前，这里的河道同其他地方的河道一样，也成了地上的悬河。

隋唐运河的开通，对于古代的交通运输事业有着至关重要的意义，正是这条运河，沟通了南（淮河）北（黄河），贯穿了东西，有力地促进了唐、宋两代的经济繁荣。在它的沿岸，出现了一批新兴的城镇。在安徽的淮北地区，就有柳孜、百善、临涣、蕲县、蕲泽镇、茅城驿、埇桥、灵璧、虹乡等当地政治、经济、交通和文化的中心。

在埇桥镇成为宿州治所前后的岁月里，这里并没有城墙。直至唐文宗太和七年（833年），才构筑了简单的城墙，仅仅是筑土为之。在接下来的500多年间，由于黄河无数次的夺淮，隋唐运河终于被黄水带来的泥沙淤平了。到了1324年，汴水终于湮塞。这一年，是元泰定元年。不久，元朝覆灭，明朝取而代之。明洪武十年（1377年），宿州才在原来夯土城墙的基础上以石为基、以砖为城，修筑了直到现在仍部分保留的坚固城墙。

历史唯物主义者并不否认隋唐运河的历史功绩，经济学家们对此早有结论。而社会学家呢？他们则是在唐代大诗人白居易的《隋堤柳》中引发出更深层次的思考：

二百年来汴河路，沙草如烟朝复暮。

后王何以鉴前王，请看隋堤亡国树。

把宿州作为第二故乡的白居易，与宿州、汴河有着割舍不断的情思。寓居宿州符离长达20余年的诗人，在宿州建治的前夕（元和三年，公元808年），在他的诗篇《过茅城驿》中真实地记录下宿州一带农村的贫困与荒凉：

汴河无景思，秋日又凄凄。

地薄桑麻瘦，村贫屋舍低。

早苗多间草，浊水半和泥。

最是萧条处，茅城驿向西。

这首诗真切地吐露了诗人的心声，坦露了诗人忧国忧民的情怀。我们似乎看到白居易迈着沉重的脚步，在衰草凄迷的古汴河岸上踽踽而行的身影……

"汴水流，泗水流，流到瓜州古渡头。"脍炙人口的诗句所描绘的情景，已经随着汴水的消失而湮灭在历史的深处，而诗歌之树常青。人们在吟诵这些华章佳句的同时，不能忘怀的是：被古黄河的泥沙埋进黄土层下的，除了这一条1000多年前的黄金水道之外，肯定还有很多传奇和故事！人们被好奇的天性驱使着，总想揭开黄土层下古汴河的秘密，挑开这一座地下历史博物馆的面纱，渴望着能与隋唐时代的先人们零距离接触，与他们攀谈，与他们比较……让人想象不到的是：这一梦想居然变成了现实，这一天竟然不期而至！

2006年9月间，海内外的读者在《人民日报》《安徽日报》《拂晓报》和中国台湾网上读到这样一则令人振奋的新闻：在安徽省的古城宿州，发现了距今1000多年的隋唐运河遗址！这是一次在某建筑工地施工中的偶然发现，时间是在当年4月间。当时，文物考古部门立即介入，开始了抢救性的挖掘。考古工作者们深知这一次挖掘的重大意义，他们渴盼着这一天的到来已经很久了。宿州人都知道：没有隋唐运河，就不会有埇桥小镇；没有埇桥小镇，何来古城宿州！

这条新闻的披露，立即轰动了考古界，同时也成了一个独具魅力的新闻热点，吸引了社会各界的关注。

人们都急切地渴望着解读这部神秘而又神奇的历史古籍。

最初的发掘就获得了丰硕的成果。在600多平方米的面积之内，一件又一件的各类文物，带着那个遥远年代的文化气息，源源不绝地出土了。根据统计，共有1440件！其中，瓷器的残片竟多达数十万件！在这些琳琅满目的出土文物中，瓷器占有85%左右的比例。它们经受了1300多年的严峻考验，终于重见天日。出土瓷器的品种很多，风格各异，据专家们考证，它们来自数十个窑口！

在此之前，曾经有一种观点认为：隋唐运河并没有在宿州穿城而过，而是在城西某处北流东折，绕城而过。而这一次考古挖掘，有力地证明了隋唐运河正是在宿州穿城而过。站在今天的宿州市大隅口（中山路与淮海路相交的十字街口），我们可以清楚地看到淮海路在这里向南向北都呈现出缓缓低下去的地形。也可以说，大隅口是淮海路上的一个"分水岭"，这里，极有可能就是隋唐运河的河道中心航线。1987年，在宿州市大隅口之南、淮海路西侧的工商银行大厦建筑工地上，曾发现了两处石构建筑遗存埋在地下，两者相距40余米。这一发现，为我们寻找历史上著名的埇桥遗址提供了重要线索。

在汴水漕运繁忙的年代里，舟船往来，路经宿州，各种器物遗落水中和舟船沉没，都是十分正常的事情，因此，宿州古城范围内的这一段河道，文物会相当丰富。而要想大规模地挖掘这一处地下长廊式的历史博物馆，则不是一朝一夕的事情。文物部门将制定出切实可行的计划，分期分批地进行这一项工程巨大的工作。隋唐运河的真正面貌，将随着挖掘工作的步步深入而逐渐显现出来。

古建筑

肃穆秋风闵子墓

闵子生于公元前536年，卒于公元前487年，名损，字子骞。他是孔子的弟子，名列七十二贤之首，德与颜渊齐名，被称为中国古代著名的思想家、教育家、政治家，儒家学说的创始人之一。闵子是春秋时期鲁国人，其先祖是鲁国的第四代国君鲁闵公，其父闵马夫为八世祖。按着周朝制度，八世祖"别于公族"，也就是不再享受国家俸禄，而降为普通老百姓了。在家庭失去鲁公族依托的情况下，闵子的父亲闵马夫开馆，以启蒙教书为生，后逢鲁国"三桓弄权"，国政日非，遂举家迁居"宋国相邑之东"，也就是今天的宿州市闵祠村。

闵马夫受聘于王室大户做塾师，用今天的话说，就是给有钱人的孩子当家教。世传闵马夫举家迁来闵贤的时候，闵子的娘正在十月怀胎，其实闵子是生在闵祠，也长在闵祠。闵子8岁的时候，母亲因病故去，父亲闵马夫又续娶姚氏为妻。姚氏给闵子生了两个弟弟，一个叫闵革，一个叫闵蒙。

闵马夫与姚氏的感情很深，姚氏的"枕头风"总是把他吹得晕晕乎乎。姚氏明明疼爱自己的亲生儿子，而对幼小的子骞虐待有加，闵马夫却视而不见。子骞白天上山砍柴，晚上回家有时连剩饭都吃不上。小子骞诚实敦厚，毫无怨言。他看到父亲与后母感情和睦，生活得比较充实，两个弟弟也很幸福，就把自己吃的那些苦都忘到脑后去了。他认为做儿子的，孝敬老人是第一位的。

闵子长大后回到他的祖籍鲁国拜孔子为师。他求学成名之时，正是我国奴隶制由强盛走向衰败的时期，奴隶主阶级与新兴地主阶级之间的矛盾日益尖锐。鲁国实力最强的季孙氏看到闵子德才兼备，力聘他到其封地费国（今山东省费县）为费宰。闵子看到孟、叔、季三家弄权，国政日非，坚辞不做，后在孔子的劝说下，怀着将儒家思想付予社会的抱负做了费宰；宰费数年，他"以德法为衔勒"，招募游民，开垦荒地、兴办学校，使备受战乱之苦、流离失所的百姓得以安居乐业；他减征赋、废酷刑、定法律、倡节俭、德化于民，使费境内重现了鲁国强盛时期的繁荣景象（见《孔子家语》）。为与黎民共休戚，闵子将全家从宿州的闵贤迁到费城，在沂蒙山之阳卜地而居闵子庄。至今闵子庄占地百亩，古冢累累，松柏茂密的闵林中还有其长子闵活盈之墓（见张万公《闵子祠记》）。作为一个政治家，闵子是儒家思想的积极创造者，更是儒家思想忠实的实践者。

闵子的父亲是讲学的，闵子后来也讲学，但他治学极为严谨。孟尝君希望向闵子学习，于是派人驾着车子前去迎接闵先生。闵子说："按照礼节，只有学生前来向老师学习，没有老师到学生那里去教导的。如请老师来向他学习，是无法学好的。因此，要我到你那儿去教导，就没法子把你教好。你正是一般人所说的不善于求学的人，而我正是一般人所说的不善于教导的人。"孟尝君听了这番话，说："我很恭敬地听取你的教诲。"第二天，孟尝君亲自到闵先生家里，恭敬地提起衣服的前裳，请求闵先生教导他。

孔子相鲁时，在帮助鲁定公堕三都之后，受到以季孙氏为首的新兴地主阶级的反扑，被迫辞官离鲁，闵子也辞掉费宰，追随孔子周游

安徽省重点文物保护单位———闵子骞祠

列国，宣传其政治主张和儒家思想，颠沛流离，艰辛备尝12年，50岁时（公元前487年），病逝于周游途中，葬于山东长清（这只是说法之一，宿州人并不认同）。

据元代费县尹邵显祖在《重修费公闵子祠记》中记载：宇内有闵子墓者，一在今之宿州，此处墓冢高大俨如山丘；一在濮之范县，但二者皆是以琴书诗物封而为墓的衣冠冢，应以即济南市洪家楼为确。邵显祖在此碑记中还记载了一段被神话了的传说：昔济南黄太守督开小清河于华不注山下，挖山一石棺椁，启之，只见棺头上有四句碣言："孝哉闵子骞，死后葬黄泉。幸遇黄太守，起我在高原。"黄太守惊讶万分，祭祀一番，速令人搬迁；行棺途中夜宿济南东郊，夜半风旋成墓。待天亮，问及土人，原来此地即为高原，于是封墓建祠以祀之。1074年，济南太守孝肃之在闵子墓前建祠祭祀，由苏辙撰写碑文。明历城县人刘敕又集资重修祠和墓，并建有"讲学堂"和"芦花馆"。

闵子祠除在以上三处闵子墓所在地均有分布外，据考证当以其长子

安徽省重点文物保护单位——闵子骞墓

闵沃盈所在地的费县闵子庄的闵子祠为正统，并且规模最宏大，此外又称"笃圣祠"，是天下闵子后裔祭祀供奉闵子的家庙和其公认的续谱之处。随着历代封建帝王对儒家学说的倍加尊崇，作为大儒的闵子不断得到加封追谥，先后被封为"费侯""费国公""琅琊公""几圣"等，明嘉靖皇帝曾赐"翰林院五经大博士"，清康熙皇亲赐"德性之科"四字匾额，遣江南学政内阁大学士张廷枢悬于闵子祠前。而作为正统的闵子祠也一次又一次进行扩修，先后达11次，至乾隆年间又经一次大规模的重修，由当初的三间逐渐扩建为具有一定规模的古建筑群，总面积3000多平方米。其主体建筑"笃圣祠"大殿位于南北中轴线上，为重檐九脊歇山式建筑。殿内彩梁画栋、辉煌照人。正北塑有一坐北面南的闵子像，须生文面，一派大儒风度。院内唐、宋、元、明、清及民国时期的碑碣、石刻百余座，其碑文体流畅，书法大成，雕技颇高，皆为文物之精华。院内千年古松柏林中耸立着一胸围10米的汉代银杏树，其中部权处，又天生一榆树，已粗达桶围，成为祠内一大奇观。明尚书李化龙诗曰："闵子祠堂官道西，芦花遍地草凄凄，阶前几个长松树，不是慈鸟不敢栖。"祠前边正阳门三间，燕翅墙四面，墙前后有24尊礼炮，有乾隆皇帝亲书"笃圣祠"三个金字。右有下马碑为历代文官下轿、武官下马之处。按着封建礼节，只有皇帝来了，才可以从正阳门进入，然后到大殿行叩拜之礼。可惜如此雄伟的建筑，历经1500多年的风风雨雨、战火焚烧和文革中人为的破坏，现在已经荡然无存，只有正阳门岌岌可危，但也早已面目全非。祠内的塑像、壁画、书籍、石刻、碑碣、古树等文物已不多见。现存碑碣中较为重要的有金代资政大夫、参知政事、国公、前御史张万公引《闵子祠记》碑，元费县尹邵显祖《重修费公闵子祠记》碑及宋真宗命集贤殿大学士王旦赞碑，其碑文是这样褒扬闵子的："子骞达者，静静成性，德冠四科，孝先百行。人无间言，道亦希圣，公袭增蓟，均乃天庆。"

费县闵子庄的闵子祠不在了，宿州闵祠村的闵子骞祠还在。闵子骞祠及墓三面环山，泉水涌流，环境幽雅。闵祠始建于宋，现存殿宇14间，祠内存有古柏和千年银杏。祠外有两座碑亭，祠东公路旁还有牌坊一座，上书"先贤闵子故里"。祠东南有孝泉和闵子故居。闵祠近旁还有骞山、晒书台、洗漱沟、荷花池、芦花坡、洗砚池等景点。这里不仅有迷人的自然风光，还有许许多多关于闵子和后人的传说，已经成为宿州市重点名胜古迹之一，为省级重点文物保护单位。宿州骞山的闵子墓坐北朝南，高6米，直径40米。近旁有两座"中"字形墓，传说为闵子骞的两个弟弟闵革和闵蒙的墓，墓高2米，直径24米，总占地约6400平方米。整个墓地松柏茂密，"闵墓松风"素为宿州八景之一，松涛之声竟成为一绝。历代文人有诗为证：明尚书李化龙："闵子祠堂官道西，芦花满地草萋萋。阶前几个长松树，不是慈鸟不敢栖。"清英山学博孙玫赞闵子墓："几个慈鸟噪墓林，苔封残碣飞白云，芦花莫漫轻题句，恐拂当年孝子心。"

宿州的闵祠人坚信闵子墓中睡着他们的先人。其实，这里到底是衣冠冢还是长眠着"中国第一孝"，已经不那么重要。重要的是，宿州、范县和济南三个闵墓已经向世人表明，闵子没有死，他依然活在人们心里。

闵子虽然去世2000多年了，但他对中国及世界文化，对人类、对历史的巨大贡献却是不可磨灭的，博大精深的儒学有着强大的生命力，至今还在影响着东南亚的社会制度；今日东南亚的经济强国之所以没发生西方社会的靡烂现象，就得益于儒学深远的社会影响。中国亦有读半部《论语》即可治天下之说。1988年，75位世界诺贝尔奖获得者在巴黎集会，共同向全世界发出了"人类要在21世纪过上更美好的生活，必须到人类历史上第一大哲孔子那里去寻找其儒家智慧"的呼吁。值得我们宿州自豪的是，人类普遍推崇的"儒家智慧"中就有闵子的一页，这一页属于人类文明的"经典"，也属于宿州地方文明的瑰宝，必将世世代代留在宿州人的心中！

千年古村车牛返

"车牛返"村位于萧县县城西南约8公里处，隶属萧县杜楼镇孟窑行政村。这个村的由来，正与闵子"鞭打芦花"的故事有关。村的全名就叫"鞭打芦花车牛返村"。

有一年临近年关，闵马夫驱牛车外出访友，高兴得把三个儿子都带上。丈夫出门访友，妻子也很高兴，姚氏让三个孩子都换上新棉衣。闵马夫见子骞的棉衣比闵革、闵蒙的棉衣都厚，他的心里充满了对妻子姚氏的感激之情。他让子骞坐在前边赶车，自己和两个小儿子坐在车篷里。当牛车行至萧县城南一个村庄时，冷空气骤然降临，天空飘起了雪花，寒冷的西北风如锥刺骨。子骞驾车正坐在车前挡风口，那芦花袄被风一刮就透心，冻得浑身打颤。闵子骞身子冻麻了，手指冻僵了，禁不住牛缰和鞭子从他手中滑落下来。牛缰绳绊住牛腿，牛车差点翻倒在雪地里。闵马夫见状，认为他畏寒如虎，缺少勇气，再看身旁两子，棉衣虽薄，一点也不畏寒，他以为闵子骞真像姚氏常说的那样好吃懒做，非常生气，指子骞骂道："没出息的东西，穿这么厚的棉衣，还哆里哆嗦，你两个弟弟穿的比你薄，也不像你这个熊样！"盛怒之下，他拾起地上的鞭子，朝子骞抽去。不料几鞭一打，衣绽花露，芦花在寒风中纷飞。饥寒交迫的闵子骞也晕倒在雪地里。闵马夫见状，惊呆了，子骞厚厚的"棉衣"里装的竟是芦花！他连忙撕开闵革、闵蒙的衣服，见尽是新絮，这才恍然大悟，始知是后妻姚氏虐待前子所为，忙脱下自己的衣服裹住子骞，急勒车返回家中。

闵马夫回到家里，不由分说，举鞭抽打后妻姚氏，并当场写下休书，要立即将她赶出家门。苏醒过来的子骞连忙跪在父亲面前，苦苦哀求父亲不要赶走后母，他诚恳地对父亲说："母在一子寒，母去三子单。"父亲听了子骞讲出的一番道理，遂罢休妻之事。子骞的话，后母在房外全都听见了，她悔愧交加，从此痛改前非，视三子如一，并供子骞上学，让他拜孔子为师，子骞对后母也更加孝敬。这就是数千年来民间流传甚广的"鞭打芦花闵子骞"的故事。孔子在《论语》中曾五次表彰子骞之孝行，他说："孝哉闵子骞！人不间与其父母昆弟之言。"古语中老百姓说的话，比孔子讲得还深刻："慈乌尚反哺，羔羊犹跪足。

人不孝其亲，不如草与木。"

宿州的后人为纪念闵子的孝行，将闵子所在的乡改为芦花乡，后又改为闵贤乡。也就从那时起，子骞后母姚氏采集芦花的苇塘中，所有芦苇年年只长穗不开花，成为千古奇观。据民间传说，此乃闵子孝行感天所至，苍天也担忧再有新的"姚氏"出现，故而让"芦花坡"芦花不再开。

现在鞭打芦花车牛返所在的象山脚下，仍有石碑一座，上刻："鞭打芦花"。石碑的西边50米处，是"四贤祠"遗址，早已坍塌。石碑西北约30米处，有"四贤洗墨泉"，该泉四周以石块砌成，并形成一条较深的水渠。石碑南约60米处的山腰间，有"四贤晒书台"，为一片较大的山石平台。

"鞭打芦花车牛返村"沿用至今，成为目前全国最长的村名（见《中国地名》）。2005年9月，鞭打芦花车牛返遗址被萧县人民政府公布为萧县重点文物保护单位。保护范围：以"鞭打芦花处"石碑为基点，东、西各130米，南500米，北50米。建设控制地带：保护范围，东、西各300米，南500米，北100米。

闵子孝行感天更感人，历代王朝都称闵子为"纯孝"，元代将此故事配以"闵氏有贤郎，何曾怨后娘。尊前贤母在，三子免风霜"的诗句列入《二十四孝》之中。这二十四孝有虞舜"孝感动天"，曾参"啮指痛心"，王祥"卧冰求鲤"，朱寿昌"弃官寻母"，等等。虽然每一个故事都很感人，但像闵子那样忍辱尽孝，处处为家庭每一个人着想，唯独不想自己，的确难能可贵。江南风流才子唐寅写过一首《百忍歌》，其中写道："君不见如来割身痛也忍，孔子绝粮饥也忍，韩信胯下辱也忍，闵子单衣寒也忍，师德唾面羞也忍，不疑诬金欺也忍，张公九世百般忍。好也忍，歹也忍，都向心头自思忖。囫囵吞却栗棘蓬，凭时方识真根本！"闵子的孝行虽然不是一个"忍"字可以了得，但他的心比纯金还纯、比真金还真的"根本"，确乎让世人都认识了。这个"根本"再明确不过地告诉人们，"孝"是中国传统文化的精华，是精神道德文明的体现！

杨庄林探花府

林探花府位于宿州市埇桥区杨庄乡林庄村，距宿州城区75公里，距徐州25公里。是清代武科探花林方标的府第，现在为省级重点文物保护单位。

林庄在清代属徐州府铜山县小塔山，现在属宿州。

林探花名叫林方标，字锦堂，生卒年月未见记载。根据其生平考证，林方标生于乾隆后期，卒于同治年间。他幼年跟随哥嫂长大，那是一个贫寒的农家，生活的艰难自不必说，好在林方标生有一副强健的身体。俗话说，力大身不亏，凭这副好的身板，他没有成为哥嫂的累赘，反而使哥嫂家逐渐富裕起来。

还是少年时，林方标就喜欢上了习武，他先是向乡里武艺高的人倾心学习，后来又外出寻访武林高手，拜师学艺。他既不耻下问，又吃得了苦，举墩子、耍志石、站桩、打沙袋，每晨必练，因而日久天长便练得一身硬功夫，刀枪剑戟十八般武艺样样精通，逐渐以武艺超群而闻名乡里。

成年后，林方标应征当了兵。林方标练武，对自己严格要求，他最擅长使用的是大刀，他有不同重量的大刀：分别是360斤、240斤和160斤。平常练武用360斤或240斤的刀，出征打仗用80斤的刀，因此在战场上，他使起刀来得心应手，似出海蛟龙，速度快而稳健。他在争战中屡建功勋，也逐渐有了威名。

嘉庆辛未科(1811年)，林方标前往京城应试，一举中武探花。林方标殿试时耍志石，嘉庆帝赞为"虎力"，钦点为殿试一甲第三名，即为探花。随后曾一度侍驾，嘉庆皇帝称赞他忠心耿耿。

林方标一生先在西北戍边，屡建功勋后在海防立业，历任甘肃衢州总兵署、浙江提督。据清道光十年修订的《铜山县志》十三卷科举篇记载："林方标，探花，现任甘肃甘州提标、城守参将，差赴新疆塔尔巴哈台屯防。"同治版《徐州府志》八卷科举篇载:"林方标,嘉庆辛未科探花,浙江衢州总兵署浙江提督。"林探花致仕后告老还乡于探花府居住至辞世。

今天,林探花的后人说起林方标殿试时的故事仍然绘声绘色,充满自豪。

传说林方标殿试时轮到演练举志石这一项时,平素对举志石胸有成竹的林方标由于紧张,偶然失手。假如这方石头掉落地上,当年的应试就泡汤了。他急中生智,在志石脱手但尚未落地的瞬间,抢先将志石抓在手中,顺势举起,气不喘,神色不变,泰然自若。嘉庆皇帝看得是"龙颜大悦",连声称赞他是"虎力"。

又传说林方标殿试时向嘉庆皇帝展示绝技:他舞起百多斤重的大刀呼呼生风,正舞之时,突然撒手,大刀从空中直往下落,在即将落地时,林方标轻捷地飞脚旋起,用力向上挑起到半空,然后翻身腾空,抓

安徽省重点文物保护单位——林探花府

住大刀。嘉庆皇帝看在眼里，不禁脱口而出道："此人身手敏捷，似猴(侯)一样啊!"金口玉言既出，是不可以随便更改的，可惜林方标未能停下来叩谢龙恩，结果失去一次直接封侯的机会。

关于林方标的故事还有很多，数百年来，林庄人对林方标一直津津乐道，引以为荣。直到解放初期，每年农历二月初二逢春会时，乡人总是将林方标生前遗物（如刀枪等器械）在府第展出，供赶会的人参观。

林方标传奇的人生历程固然为人所仰慕，林探花府也因其独特的建筑风格具有非凡的价值。

探花府占地面积2800平方米，原有房屋81间，现存58间，建筑平面构成东西两条轴线。东轴为敕建，建筑由门厅、倒座、正厅、二门、堂楼与四进院落中的厢房组成，是该建筑群的建筑价值所在。据其建筑特点及木构断代推测，其建筑年代应是同治时期，为其致仕作准备而修建。西轴基本是后继仿照东轴添建，计有门屋、敞厅、二门、堂楼及三进厢房，它少东轴一进院落，使门屋前构成明堂格局。门厅前有练武场，主体建筑后院设有后花园和养鱼池，水塘现存。

林探花府的魅力和价值在于：它是目前皖北保存较为完整的古建筑，又融合了江南园林手法和西北建筑风格。

该建筑群在平面上仍依传统北方四合院法，倒座、二门一应俱全，但在单体建筑正厅中又大胆采用"轩"结构，使室内空间外溢于户外的庭院中，这种江南园林手法，在该府宅建筑中得到成功运用。东轴门厅配房采取平顶式，又具有西北风格(这应该与林方标的个人经历有关)，一组建筑中能集南北手法于一体实为少见，它是研究我省"古代类建筑"的重要典型实例。在构造设计上对传统也有突破，如：梁枋断面选定、台明高度、屋面水法等，均略别于清《工程则例》，但在开间尺法、构架选用等方面又严格古制，使传统建筑技法既得到张扬又不泥古，这是该建筑群的另一价值所在。此外，该建筑群所采用的砖塑、木雕、彩绘都具有很高的工艺水准，有着重要的艺术价值和科学价值。

林探花故里林庄一直由其后人居住，至今已延续九代。建国初期，探花府曾收归国有。宿县第一次文物普查时发现了该建筑群的文物价值，1988年宿县政府公布其为县级重点文物保护单位，1998年省政府公布其为省级重点文物保护单位，同年宿州市政府公布了其保护范围和建设控制地带，并制定了保护管理规定。探花府目前已被列为宿州市重点古建筑维修项目。省文物考古研究所古建室也制定了整体维修方案，分为落架大修和复建工程，工程总经费概算310万元。近年，已相继争取到省专项文物维修经费35万元，陆续修缮了东轴一进院及倒座和二进东厢房。但仍有许多建筑急需抢救维修，目前正在多渠道积极筹措维修资金。

从圣泉寺到皇藏峪

由萧县县城之北的龙山阳坡逶迤而上，沿着松柏林中曲折的山道行约数里，过陡山口，眼前豁然开朗，在遮天蔽日的林荫中再往西北行，就到达位于泉山北坡的圣泉寺了。

寺旁有一圣泉，寺因泉而得名，泉又因寺而闻名，二者可谓相得益彰。

圣泉，原名菩萨泉。有民间传说称：古时，某日，有一书生沿山路行经此处。时值盛夏，赤日炎炎，书生口渴难耐，正欲寻水解渴，却见青石之上端坐一位老妪。书生施礼相求，老妪慈眉善目静坐不语。书生再次以礼相问，老妪仍不言语，却含笑向背后的青石之下指了一指。书生近前一看，竟发现一泓甘洌的清泉。书生大喜过望，掬泉痛饮，暑气顿消。起身欲拜谢老妪，哪知老妪已化作一阵清风，不知所踪，书生方知是菩萨所为。后此泉得名"菩萨泉"。明时更名为"圣泉"。及至清雍正十年（1732年），知县温长发于圣泉之上筑起一四角攒顶凉亭，予以保护。此泉甚奇：泉水虽仅一小池，但却四季不竭，清洌甘甜。有游山拜佛者，常来此消暑、汲水，络绎不绝。

泉亭之西，近在咫尺，即为圣泉寺。有史料记载称：北宋时，乡贤窦师道（窦泂），曾筑茅舍隐居此，"读书赋诗不以取名，而以自娱。"其侄窦明远（窦墩礼）深受叔父影响，颇有文学艺术天赋，在社会上颇有影响。叔父去世之后，为承其志，他在圣泉之侧大兴土木，建拱翠堂。拱翠堂落成之日，时为徐州教授的晁无咎、陈师道等文人雅士专程赶来参加庆典。晁无咎为之作记，陈师道为之题诗。陈师道的"拱翠堂"诗有序：

"萧邑窦墩礼即泉山作此堂，规制宏丽，晁无咎为之记。"

陈师道的诗曰：

千年茅竹蔽幽奇，一日堂成四海知。

便有文公来作记，尚须我辈与诗题。

至人但有经行处，宝盖仍存老柏枝。

能事向来非迫足，经年安得便嫌迟。

宋元丰元年，苏东坡任徐州太守时，骑马路经原萧国遗址——萧县县城（北城），曾游拱翠堂，并在此挥毫泼墨，画了一幅"枯木竹石图"。

在接下来的岁月里，拱翠堂自然形成了一处文人雅士集结的场所，骚人墨客们在这里或诗或画，或书或文，或棋或琴，一时人文荟萃，文风鼎盛，被世人传为佳话。

金明昌三年（1192年），拱翠堂更名为"龙泉禅院"，始为佛教寺院。明时，又改为"圣泉寺"。明成化年间，时任萧县知县的闵悕在《圣泉寺序》中说："昔人以圣名泉，必渊渊莫测其妙，观水不过一小池耳，俯则见底，流则无穷，渴可掬饮，垢可洗涤，盛夏了，不知暑，动琴声，动诗兴，沁禅心，消俗虑……钟英人物，或侯、或伯、或科第、或高士达人，见地灵人杰而泽物之功不为小矣。"

十年动乱之后，百业复兴，圣泉寺由一座荒寺而得以逐渐修复。修葺山门，重建殿庑，整理院落……经多年经营，至今已是雕梁画栋、翘角飞檐、青堂瓦舍、古色古香的古建筑群落。寺内翠柏入云，郁郁葱葱；寺外山峦起伏，松涛阵阵，且有泉水淙淙，沁人肺腑。这里，已经成为皖北和徐淮地区闻名遐迩的风景名胜区，来自四面八方的游客，在大自然的绿色怀抱中流连忘返，特别是那一泓清泉，痛饮一瓢，惬意无比，让人久久不能忘怀……

如果把郁郁葱葱的千里淮北平原比喻为一个玲珑别透的翡翠玉盘，那么，皇藏山区就是盛放在玉盘中央的一颗"祖母绿"宝石！

淮阳山脉逶迤东来，在淮北平原的北部留下了多少青峦翠谷、深涧幽溪！位于萧县县域东南方向约20公里的皇藏峪风景区，浓缩了这一带多姿多彩、画山绣水的景观，集中体现了大自然的神奇造化。

皇藏峪，是一条深藏于九龙山中的狭长山谷，南北长达20公里，东西宽4～5公里，海拔高度为335米。皇藏峪还有一个名子：黄桑峪。据清县志记载：早年因峪内长满黄桑而得名。据民间传说，汉高祖刘邦称帝之前，秦始皇为壮天子之气而东巡，刘邦当时曾隐于芒砀山中。为了躲避秦兵，刘邦辗转来到黄桑峪中，并躲过秦兵追杀的劫难。他称帝之后，便将此处改名为皇藏峪了。

皇藏峪中，有3000余亩天然森林，近150个品种。这里又是一座中草药的宝库，生长着近800种名贵草药。这里群山环抱，层峦叠嶂，古木参天，涧溪长流。皇藏山区属于低山丘陵地区，石灰山体，山势突兀峭拔，洞穴井泉很多。从植物学的角度来看，这里属于温带阔叶落叶林残存地区，次生林区树种最多，也有不少千年古树，为平原上的稀有珍品，真实地反映了淮北地区暖温带生物群落的面貌，被列为国家级森林公园、省级风景名胜区和自然保护区。皇藏峪自然风景优美，堪称避暑胜地。酷暑季节，峪外烈日炎炎，遍地流火，峪内却是绿荫遍地，凉爽宜人，峪内峪外，宛若两个世界。因此，每逢盛夏，来到峪中消夏避暑、观光旅游的人们，成群结队，纷至沓来。

跨进山门之前，人们可以看到山门外的广场上，矗立着一尊汉高祖刘邦吟诵"大风歌"的汉白玉雕像。遥想当年这位帝王曾在峪中的山洞中躲过劫难的惊险一幕，人们的耳畔自然会响起那首著名的"大风歌"来：

大风起兮云飞扬，威加海内兮归故乡，安得猛士兮守四方！

跨入山门之内，又是一番天地，人们立刻便会有一种融化在绿色世界里的感觉。举目四望，山是青的，树是翠的，水是绿的，就连那迎面扑来的山风，也带着浓浓的绿意。沿着曲折回环的山路，左盘右绕，拾级而上，约数里之遥，便可到达深山古寺——瑞云寺。相传，刘邦起兵反秦之时，为了躲避秦兵的追杀（一说是为了躲避项羽所率楚军的追杀），曾藏身于峪中的山洞之中。其妻吕雉寻夫至此，人问其故，吕雉回答：刘邦身为真龙天子，所到之处，上有瑞云缭绕不散，故能觅得他的所在。这就是瑞云寺名称的由来。

瑞云寺始建于南北朝梁武帝大同年间（535～546年），名曰"登云寺"，又叫"望云寺"。北宋端拱二年（989年）复建时，更名为"瑞云寺"。旧有碑记："众山环合，卫基如城，间有古寺，名曰瑞云。"寺门上方匾额上的"瑞云寺"三个大字，为清代大书法家邓石如所题。其字苍劲古朴，翰墨流香，为这座深山古刹增添了不少光彩。瑞云寺背负悬崖，面临深渊，左右有山溪环绕，上下有古树遮荫，林深石奇，飞鸟不惊，实为僧人修行的绝好去处，故有"萧国福地"之称。中经隋、唐、宋、元、明，屡有兴废，明末清初，度遇和尚开山扩建，后经几度拓展，方初具规模。殿堂楼阁计99间，为三进三阶式院落。前院为藏经楼，楼下斋堂，楼上藏经；中院为大雄宝殿五间，飞檐拱壁，气势雄伟，塑有释迦牟尼、药师、南无阿弥陀佛和十八罗汉等金身佛像；后院为方丈室，明三暗五，高大轩敞，左右楼阁，廊腰迂回，风铃高挑，飞檐勾天。俯看全寺，石级层叠，曲径通幽，回廊交错，门楣多变。殿前腊梅掩映，黄杨相衬。左侧有一株树龄高达1300多年的银杏，主干下部，生有二枝，雌雄同株，一大一小。雄树株高24米，雌树株高13米，枝繁叶茂，郁郁葱葱，世人称之为"抱子携孙"，又称"母子树"，妙趣天成，被视为寺中一大奇观。右侧是一株铁干虬枝的千年古桧，树高18米，昔日寺中香火旺盛之时，古桧枝叶间终年香烟缭绕，雾霭缥缈，故有"虬须佛气"之称。东西厢房前，有老桂两株，一名金桂，一名银桂，合称为"姐妹树"，已有800多年的树龄。秋高气爽的时节，满院桂花飘香，幽香袭人，沁人肺腑。清人蒋佩曾宿此寺，赋诗以志：

青鞋且趁夕阳晴，流水孤村画里行。

远嶂钟鸣香阁回，深林犬吠老僧迎。

灯摇佛座三更梦，风卷松涛一院声。

诗情画意，跃然纸上，倒也写出了深山古寺的韵致。

出瑞云寺，西南行百余米，登攀至一处悬崖的山腰，有一天然崖洞。洞呈圆形，深约6米，四壁光滑，底部平坦。洞外，一块一米多高的巨石犹如天外飞来，恰好遮住洞口。石壁之上，镌刻着四个大字：洞天飞来。据传说，刘邦曾避难于此，恐为秦兵（一说项羽楚军）发现，祈祷苍天保佑，其时，忽有巨石应声而下，立于洞口，不近前而不能发现山洞，所以，后人将此洞称为皇藏洞，石为飞来石。

皇藏峪中，以瑞云寺为中心向四周辐射，还星罗棋布地分布着九龙窝、龙驹嘴、美人洞、果老洞、仙人床、洗钵池和拔剑泉等多处景点，每一个景点，都有一段美丽的传说，构成了一个个独具特色的人文景观。

除了中心景区之外，皇藏峪景区还包括竹林寺景区和倒流河景区。竹林寺景区以自然观光和田园风光为主。喷珠溅玉的雾潞泉畔，翠竹成林，掩映着若隐若现的田舍农家，小桥流水，装点出令人陶醉的田园画卷。这里，晨昏可闻钟，处处有寺院，清人冯士曾作《龙泉寺》予以咏叹：

龙泉山色淡如画，古寺荆扉傍山开。

我欲入山寻高隐，一声清磬鹤飞来。

出皇藏峪口，行去西北，可达倒流河。清流两岸，遗迹颇多，计有花甲寺、城阳、大蔡庄、北泉、陶墟等处。其中，花甲寺遗址为省级文物保护单位，属新石器时代晚期遗址，已挖掘出的古生产工具和石、骨器中，有石斧、石凿、石锛、砸击器、刮削器、石箭镞、骨针、陶纺轮、网坠及大量的鬲足和陶器。倒流河北岸，有宋代的北山采矿场遗址。苏东坡于宋元丰元年任徐州太守时，曾作"石炭歌"一首，诗前有序曰：彭城旧无石炭，元丰元年十二月，始遣人访获于州之西南白土镇之北，冶铁作兵，犀利胜常云……这里所说的白土镇之北访获石炭的地方，当是今天的萧县孤山一带。

一曲"石炭歌"，跨越了历史时空，于900多年之后再次被人们吟诵的时候，我们发现，这位历史上的大文学家，不仅给我们留下了许多优秀的诗文，还展示了一颗爱国爱民的耿耿丹心。苏轼居然还注意到了老百姓生活上急需的和锻造兵器所必须的燃料，这的确是十分难能可贵的。

皇藏峪风景区丰厚的黄土层下，到底埋藏着多少永垂不朽的先贤轶事和永不泯灭的诗篇啊！

扶疏亭·墨竹·诗

宿州古城墙上有一座格调古雅的建筑："扶疏亭"。亭中现存苏轼"墨竹"石碑一块，碑上画有疏竹二枝，并有题诗、落款："寄卧虚寂堂，月明浸疏竹。泠然洗我心，欲饮不可掬。旧和太白句也并为写照。东坡居士"。

扶疏亭为皖北重要的名胜之一，墨竹碑也十分珍贵：墨竹碑勒于宋代，和墨竹的作者苏轼同期，它见证了墨竹碑背后的一段名人佳话，具有珍贵的文物价值。而且，这件作品是苏轼得意诗与拿手画的联袂。

首先，墨竹是苏轼的拿手画。人们知道，诗书画全才的苏轼，对竹子有独到的理解，格外的爱。

苏轼出生于竹乡眉州(今四川眉山县)，在竹的姿影中长大，他一生崇尚竹子的高风亮节，他高超的才华，他身上浪漫的胸襟气概，都像竹子一样清奇而俊拔。他的名言"宁可食无肉，不可居无竹。无肉令人瘦，无竹令人俗"，道尽了他酷好竹子和依竹而居的心境。

苏轼喜欢竹也善于画竹，有关他画竹的轶闻趣事很多：熙宁年间苏轼任徐州知州。一天，苏轼在几位朋友面前提笔画竹二枝，他兴致颇高，不无得意地对朋友说："看，怎样？"其中一位徐州儒学答道："我乍看这竹，像学士立身许国，劲挺不移；再细看，它们疏枝结叶，则像学士驭事爱民，间密以济。"苏轼爽朗地笑着，说："先生所言，确为精鉴。"说罢卷起那幅墨竹，赠给了儒学。名作遇到赏家，如同千里马见了伯乐，幸得其所。

《六砚斋笔记》也记载了苏轼的一位文友目睹苏轼画竹的潇洒场面。苏轼边饮酒，边讲述游赤壁的经过，酒酣兴浓当儿，文友向苏轼提出想要墨竹的请求，苏轼乘兴应允。于是文友捧砚，苏轼慨然挥洒。须臾之间画成，文友得此墨竹，喜不自胜，他形容那墨香中腾飞而出的作品："竹若紫凤回风，石如白云出岫，书则豪放跌宕，如快马斩阵，而步伍自存。"

这情景，何其潇洒又多么的怡然自得啊！

当然，人们更普遍熟知的，是苏轼从画竹中体会的经验，后来凝结为一句成语叫"胸有成竹"。他说："故画竹先得成竹于胸中，执笔熟视，乃见其所欲画者，急起从之，振笔直遂，以追其所见，如兔起鹘落，稍纵即逝矣……"

"彭门太守清虚谱，维上君侯卓异图。"这竹子，苏轼得之于心而

宿州古城墙

形之于手，自然格外值得珍重。

再说苏轼所题的扶疏诗，这更是竹画的璧合。

墨竹碑题诗是苏轼《和李太白并序》的前四名，作于元丰七年(1084年)五月，是一首依韵唱和李白诗歌之作。诗与序的全文如下：

李太白有浔阳紫极宫感秋诗，紫极宫今天太观也，道上胡洞微以石示予，盖其师卓静之所刻。静有道术，节义过人，今亡矣。太白诗云：四十九年非，一往不可复。今予亦四十九，感之次其韵。玉芝一名琼田草，洞微种之七八年矣，云更数年可食，许以遗余，故并记之。

寄卧虚寂堂，月明浸疏竹。冷然洗我心，欲饮不可掬。

流光发永叹，自昔非余独。行年四十九，还此北窗宿。

缅怀卓道人，白首寓医卜。谪仙固远矣，此士亦难复。

世道如奕棋，变化不容霞。惟应玉芝者，待到蟠桃熟。

诗作使苏轼因"乌台诗案"入狱，经营救赦免，仕途上却屡遭排挤，先后流徙于湖州、黄州、汝州，此诗反映了苏轼经过数年贬谪生活后恬淡达观的心情。

苏轼的诗虽然只是依韵唱和之作，但是可以看出，诗人对自己的这首诗，尤其是前四句诗是相当满意的，也是烂熟于心的诗句，他专门为这四句诗创作了《竹叶扶疏图》，并把它送给了宿州朋友。

有趣的是，扶疏亭上的墨竹碑题诗，是苏轼依韵唱和了李白的诗，他的这首得意之作，也一石击起千重浪，引起了宋代诗人名家高手的络绎唱和，成为当时文坛一段佳话。

李白《浔阳紫极宫感秋》原诗是这样写的：

何处闻秋声，萧萧北窗竹。回薄万古心，揽之不盈掬。

静坐观众妙，浩然媚幽独。白云南山来，就我檐下宿。

懒从唐生决，羞访季主卜。四十九年非，一往不可复。

野情转萧散，世道有翻覆。陶令归去来，田家酒应熟。

黄庭坚随后唱和了苏轼，诗曰：

不见两谪仙，长怀倚修竹。行绕紫极宫，明珠得盈掬。

　　平生人欲杀，耿介受命独。往者如可作，抱被求同宿。

　　砥柱阅颓波，不疑更何卜。但观草木秋，叶落根自复。

　　我病二十年，大斗久不震。因之酹苏李，蟹肥社醅熟。

　　刘克庄读李白诗和苏轼、黄庭坚和诗，突然想到李、苏写竹诗时年龄都在49岁，而自己已经59岁了，依韵唱和时不禁有些感伤：

　　翰林两仙人，偶来听风竹。萧萧玉千竿，采采绿一掬。

　　少时负不群，中岁乃见独。嗟余长十年，所至恋三宿。

　　径当还笏归，奚俟揲著卜。夜郎与儋耳，老大费往复。

　　宜州殿其后，路险车又震。山中采芝去，舍下炊粱熟。

　　同是宋代著名诗人的谢枋得见了这些诗歌方家的题诗，自然也激起了清峭典雅之风，跟着和了一首诗：

　　雨歇月明松，天碧光入竹。好怀一时开，乾坤清可掬。

　　相携尘外游，此乐岂我独。扫开松上云，恐有鹤来宿。

　　爽气逼斗牛，何待蜀仙卜。独怜天心劳，千岁几剥复。

　　沧海有红尘，不见虚舟震。问信安期生，何年枣当熟？

　　扶疏亭栉风沐雨历越千年，历代吟咏扶疏亭的诗、文不绝如缕，文人骚客，登临抒怀，"疏影半宿犹啼鸟，清风千载韵悠悠，而今也有徐州牧，送竹何人到宿州？"苏轼和竹子的精神气质、品格情操滋润了一代代文人雅士。

　　临亭小憩，面碑怀古，墨竹及题诗，让人不禁想起苏轼这位11世纪的文化巨人，想起激扬千古的"大江东去浪淘尽，千古风流人物"；想起胸怀天下的"会挽雕弓如满月，西北望，射天狼"；想起柔情似水的"但愿人长久，千里共婵娟"；也品味着谦虚劲节的"寄卧虚寂堂，月明浸疏竹"。

　　苏轼一生跌宕起伏，行踪遍及大半个中国，曾经数十次踏足宿州，留下了众多的行踪和丰富的美文，也留下了这么一座竹风诗韵的扶疏亭，扶疏亭见证着苏轼与宿州的缘分，也为宿州增添了深厚的文化底蕴，这是宿州人值得骄傲也应该永远珍藏的精神和文化财富。

晚境凄凉释迦寺

2007年春的一天，我们来到位于泗县城东大寺粮站院内的释迦寺。这是全国所不多见的以释迦牟尼名字命名的寺院。

我们见到的释迦寺在岁月中残破着：巍峨的古建筑已经有部分倾圮，没有倾圮的部分墙体裂开了很深的"伤口"，房顶有几处透出天光。释迦寺门前冷落，紧锁的大门关闭了它辉煌的往日。

释迦寺曾是泗县最高的建筑之一。《泗虹合志》载：释迦寺，原名寿圣寺，在城东南隅，建于宋英宗时，明洪武间改名释迦寺。大殿坐北面南，有殿宇两进，后有藏经楼，站其上可俯览全城。寺院内有银杏树、罗汉石、九欹松、琵琶井、香水桥、透亮碑、皂角树等。由此可见，当时的释迦寺，庄严肃穆，宽敞明亮，香火鼎盛。释迦寺当年也是个风景胜地，虹（今泗县）人许寅在《长歌赠东林（即释迦寺）馨然上人》中写有这样的诗句：

金碧辉煌佛面光，晨钟暮鼓勒梵诵。

琵琶井中月华明，香水桥边春水生。

此日烟柳青满堤，绿波绕寺芦芽齐。

梅花香老春风暖，驯鸽归飞日未低。

同样是泗县人的韩仓也在《春杪游释迦寺》诗中情不自禁地赞誉释迦寺景致：

春来信步过桥西，拄杖悠悠兴未迷。

松响骤回连竹径，钟声未了又莺啼。

三提禅意生幽境，一带诗情落翠堤。

贪看东林难遽去，赤霞遥衬夕阳低。

水声、松声、钟声、莺声，修竹环径、夕阳映霞、一带翠堤、幽境生禅，此情此景，着实令人流连。释迦寺也成为人们旅行投宿的去处，曾任过台湾首任巡抚的刘铭传就曾借宿释迦寺。《泗虹合志》记载：

"同治乙丑年（1865年）四月，统帅刘铭传移驻彭城，道经泗州，借宿释迦寺，偶成两律。"两首诗兼赠寺院僧人聚一上人。

一

梦中曾被仙人诏，怪我如何不出家。

两眼尚包儿女泪，此生自识果缘差。

览游禅寺思身隐，流落风尘念物华。

心事茫茫何所寄，大江东望浪淘沙。

二

岂劳修练方为佛，若得清闲即是仙。

如我长征无息处，揽君彻夜不安眠。

未辞辛苦行千里，忽欲留连住一天。

愿待澄清放归隐，好来方丈结禅缘。

刘铭传是作为领兵"统帅"千里"移驻"彭城（今徐州），途经泗州暂住的。"移驻"说明刘铭传是带兵驻泗州，释迦寺设为指挥部。正因为是带兵来住，才打扰寺僧"彻夜不安眠"。两首诗共同体现了刘铭传渴望建功立业和归隐田园的矛盾复杂心情。刘铭传为什么会有如此复杂的心情？他经过泗州负有什么使命呢？

刘铭传（1836～1896年），字省三，安徽肥西人，1861年参加李鸿章的淮军。其后因追随李鸿章镇压太平天国运动和捻军起义有功，官升至直隶提督。随后被免职。1884年，中法战争爆发后，刘铭传被重新起用，授予巡抚衔督办台湾军务，在台湾保卫战中立下赫赫战功。1885年10月，中法战争结束以后，清政府鉴于台湾在国防上的重要战略地位，决定在台湾正式建立行省，并任命原福建巡抚刘铭传为第一任台湾省巡抚。刘铭传就任台湾巡抚的6年，积极学习西方，在台湾主持修筑全国第一条铁路，创办了中国第一个邮政局，先后创办了煤务局、煤油局、伐木局、蚕桑局、盐务总局等一系列近代工业，为了培养适应台湾近代化需要的人才，刘铭传在台北创办西式学堂，设立外语、史地、物理、化学、测量、制造、算学等科目，他呕心沥血，励精图治，使台湾焕然一新，"成为全清国最进步的一省"，被台湾人民尊称为"台湾近代化之父"。

刘铭传胸怀治国强国之才，年少时即尝自慨曰："大丈夫当生有爵，死有谥。"但是似乎当官无术，他跟官场人总处不好，跟左宗棠等人有隙自不用说了，连对他最好的李鸿章都认为他"素性轻率""性急难耐""性不耐官"，曾国藩也认为刘铭传"所长在果而侠，其所短在欠淳蓄"，怪他嫉恶如仇、锋芒毕露。正是锋芒毕露、刚毅耿介，使他一生之中屡次无奈地脱离官场，归隐田园。

刘铭传移驻彭城，正是刘铭传应诏跟随曾国藩镇压捻军的开始。这一年他29岁。虽然很年轻，他已经对自己不容于世的性格有了清醒的认识（见他的释迦寺题诗）。此后在征战捻军的几年里，屡建功勋，然而总是受人排挤，有人谗言刘铭传不听管束、居功自傲，"每以有功不赏有过先罚为酒后牢骚之谈"，结果同治六年（1867年）冬，"东捻平，始拜三等轻车都尉"，而未起多少实际作用的安徽巡抚、满族人英翰亦获此赏，相比之下，两人"劳逸相去万倍"。刘铭传厌恶这样的官场，以"伤疾并发"为由，在同治七年正月间"浩然回里"。这是刘铭传第一次归隐，时年32岁。此后历经数次归隐，在田园居住达数十年，直到1883年中法战争爆发。刘铭传在台湾同法军征战，并在胜利后任台湾巡抚，才算找到英雄用武之地，成就了英雄一世的英名。而在台湾初现繁荣稳定之后，掣肘、攻击与诬蔑再次扑向刘铭传，迫使他不得不于1891年告病辞官而去。继任的台湾巡抚邵友濂眼光短浅，思想僵化，尽废刘铭传新政，清代所实行的唯一有计划、有成效的改革就此夭折了。1896年，刘铭传在家中病逝。

伫立释迦寺前，不禁为刘铭传的命运哀之幸之，幸的是：假如没有太平天国和捻军起义，没有法军入侵台湾，在太平盛世，刘铭传的才华必将淹没在他不容于世的性格中，一筹莫展，更或者，他会身首异处。这并不是危言耸听，他少年时在肥西刘老圩家乡就因杀人成为官府追捕的要犯，是国家灾难成就了他，但是在太平盛世，就真的不需要刘铭传的才华吗？哀的是：刘铭传的作为与才华、刘铭传的西学思想，只是在台湾一隅得到短短6年的发挥施展，这位"台湾近代化之父"要是成为"满清"的近代化之父，那中国是不是就不再是任人宰割的肥肉？刘铭传20多岁就开始建功立业，在他60年的生命里，真正为世所用，得以施展抱负与才华的时间只有在台湾的6年，他的大半生都在消磨蹉跎：有了战事他冲在前，战事结束了他就遭排挤而归隐。

一个锋芒毕露的人就真得不适应中国的国情吗？性格为什么决定命运……

泗县释迦寺是刘铭传一生向佛的开始，他此后在登焦山寺而成的诗作中写道："还乡思隐退，对景阔心胸。有此托身处，何须万户封。"他在家乡大潜山寺庙的联云："十载河东，十载河西，眼前色相皆成幻；一时向上，一时向下，身外功名总是空。""万户侯河足道哉！听钟鼓数声，唤醒四方名利客；三生约信非虚也！借蒲团一块，寄将七尺水云身。"

感怀寄意中能聆听出更多的深意。

刘铭传早已作古，可悲的是释迦寺晚境凄凉，正像一个风烛残年的老人，似乎没有人愿意对它负责。释迦寺历经宋、元、明、清四个朝代，作为资深的人文和历史见证者，他见证的当然不会只有一个刘铭传的信息，更多的信息等待发掘，但是这个记载历史纵深的信息载体快要倒塌了，连同它负载的许多秘密的信息。

释迦寺，在无声呼唤……

沧海桑田话文庙

在泗县县城中心偏北，一处青砖筒瓦的古代建筑静静矗立在繁华的文庙商业广场内，以其宏伟壮丽诉说着曾经的威仪，这就是省级重点文物保护单位——泗县文庙大成殿。这座古老的建筑已经有600多年的历史，据《泗虹合志》等志书记载，明洪武三年(1370年)，知县乐徽创建学宫(即文庙)，万历二十八年（1600年）迁于旧址稍东。清代康熙十三年（1674年）对学宫进行了大修，并创建了尊经阁(见于知县伍元正的《尊经阁记》)。乾隆四十二年(1777年)，因泗州迁到虹县而改为州学。嘉庆九年(1804年)，大成殿毁坏严重，州守顾浩重修。咸丰三年(1853年)，州守裘宝善对学宫进行了扩建维修，从而形成以大成殿为中心的宏伟建筑。

大成殿只是整个文庙的中心部分，在大成殿的周围，前有戟门、泮池、棂星门、大成坊，后有明伦殿、训导署，还有东西厢房、崇圣祠、尊经阁等建筑，它们共同形成群星环映的盛大格局。可惜如今盛景不在，现在仅存文庙的主体建筑大成殿。大成殿长21米，宽12米，面积252平方米。砖木结构，殿房由8根廊柱顶起，周有20根廊柱。斗拱上的雕刻粗犷而不失华丽，充分体现了明清时期北方的建筑风格，大殿的脊梁上还保留的两处文字，记录着嘉庆和咸丰两朝对大成殿的整修情况，另有御制《至圣先师孔子赞》石碑一块、御制的《颜子赞、曾子赞、子思子赞、孟子赞》石碑一块。

同泗县大成殿相比，位于萧县城内的文庙不但规模较大，而且有史

安徽省重点文物保护单位——泗县文庙大成殿

可考的历史更为久远。文庙正门石坊上书"太和元气"四字,现石坊上四字俱在。据考,萧县文庙始建于北宋绍圣元年(1094年),地址在北城(旧城)。元末毁于兵燹。明洪武初年重建,永乐十六年(1418年)重修,成化年间(1465年~1487年)、嘉靖年间(1522年~1566年)相继修葺,万历五年(1577年)大成殿与旧城俱圮于水。迁至今城重建,明万历四十六年建成。清顺治《萧县志》对其建筑布局做以下描述:"中为先师庙,东西两厢。前为庙门,门外东为名宦,西为乡贤二祠。前为泮池,跨台石桥。又前为棂星门,门之前为屏墙,棂星门西为儒学大门,由大门直北,东向为仪门。先师庙后为明伦堂,堂东为崇德斋,东北为启圣祠;堂西北为敬一箴亭。"今存建筑唯大成殿(大成殿原名"宣圣殿",宋崇宁三年(1104年)徽宗赐名)5间,高15米,长20米,深10米,殿基200平方米。东西厢房各5间,二道门9间,崇圣祠3间。后院明伦堂在"文化大革命"中被拆除。现存的这些建筑,仍存古代木结构、木屋顶、宫殿式建筑艺术的特点。萧县文庙于2004年被省政府批准为省级重点文物保护单位。

其实,不止泗县和萧县,辛亥革命前,宿州所属各县各有文庙一所,只是辛亥革命后特别是文革期间,各县的文庙均受到严重毁坏,萧县和泗县所幸得以部分保存。其实不止宿州,清代以前,全国各地都设有文庙。那么为什么全国有那么多文庙呢?为什么叫文庙呢?为什么叫大成殿呢?文庙有什么作用呢?

文庙又称孔庙、学宫、圣庙、黉学、儒学、夫子庙等,是祭祀我国古代先贤孔子的庙宇。孔子是春秋时期我国著名的思想家、教育家,儒家的奠基人。自汉武帝罢黜百家独尊儒术,儒家思想成为封建正统思想的代表被确立,以后为历代王朝所遵循,对孔子都表现了登峰造极的尊崇,为孔子立庙祭祀的传统也数千年不断。

中国最早的孔庙建于春秋时代周敬王四十二年(公元前478年),即孔子死后第二年,立庙地点就在山东曲阜孔子的旧宅,当时便有祭孔的典礼。唐太宗在贞观四年下诏全国各州县兴建孔庙,于春、秋二季举行祭典，主祭者为地方首长，朝廷自然由皇帝亲临主祭，其典仪之崇隆，虽历经五代、宋、元、明、清，朝代迭替而未稍减。唐玄宗更是追封孔子为"文宣王"，下诏全国各州县均仿阙里孔庙建修孔子庙（文庙），明朝之后简称为"文庙"。

全国文庙的主殿均称大成殿。所谓"大成"，是孟子对孔子的评语，说他是集大成的思想大家。元成宗以此加封孔子为"大成至圣文宣王"，清代又被封为"大成至圣先师"，所以，文庙的主殿则命名为"大成殿"。

文庙按照金字塔的格局，分为本庙和学庙两大系统，本庙仅指山东曲阜的孔庙，是孔门的祖庙，而学庙是京城和地方学校所设立的孔庙，各地都是"因学设庙"。学庙除了纪念祭祀孔子外，最大的作用是开设学堂，唐朝实行科举制以来，文庙成为州县最高学府，岁试和科试都在文庙举行。除山东曲阜的孔庙外，还有很多著名的文庙：天津文庙，是天津市区保存最完整、规模最大的古代建筑群；哈尔滨文庙建于1926年，是中国最年轻的文庙，也是黑龙江省现存最完整的仿古建筑群；福建安溪文庙建于北宋咸平四年，整座庙宇的石雕、木刻和彩绘都相当精彩，艺术造诣很高，有"安溪文庙冠八闽"之美称；台湾台南文庙为郑成功长子郑经所建，是台湾省第一座孔庙，至清末一直是台湾地区官设的最高学府，扮演了早期台湾文化摇篮的角色。

宿州各地文庙建筑布局基本相同(其中以宿县、泗县的学宫规模较大，设施较好)，机构设置也相同。文庙在宿州也俗称"文衙门"，它既是学校，也是科举考试的预备场所。设置有"学正署""教育署""训导署"等机构，三个署的学官分别称学正、教谕、训导，教学方式和教学内容完全服从于科举考试需要。

当作国家的大典，一年之中有四次大规模祭祀孔子的活动，其中农历二月和八月的上丁日(即第一个天干的"丁"天，这是祭祀孔子的日子，宋代吴自牧《梦粱录》载：上丁日，国学行释奠礼，祭文宣王，以祭酒司业为献官。州县学宫，以帅宰奉行)。更为盛大，由知州或知县和学正等率领全县生员及学童祭孔,祭后分食三牲祭品。这种祭祀,在宿州所属各县一直延续到"五四"运动前后,各学宫虽为官办教育机构,但其所需费用,大部分依赖官宦富户捐纳,所捐土地,现钱一时用不完的,则出租放债,收取地租、现钱利息。

科举制度废除以后,各县学宫仍保留了一段时间,专门用作祭孔,1919年以后各县文庙或因移作他用得以部分保存,或由于年久失修和人为破坏而逐渐倾圮(砀山学宫于1938年毁于日本侵略军的炮火,灵璧学宫遗址在县直属粮站和油厂处,宿县学宫遗址在宿州市一小院内)。

文庙作为儒家文化的载体,在封建社会的长期发展过程中居于主流文化的地位,对中华民族的发展起过重要作用。孔子能够历百代而不衰,作为中华民族传统文化的代表,孔子与中华民族的命运是连在一起的。儒家文化中的"己所不欲,毋施于人"思想,"仁义礼智信"的观念,不同的历史时期有着不同的精神价值和时代内涵,这都是需要我们传承的美德,我们曾经幼稚地一概否定,现代文明的真正实现不是简单否定,必将是扬弃的结果。

伫立大成殿前,士子们的身影早已不见,琅琅的读书声也沉寂在时空中,只有那深锁的殷红门扉透露出历史沧桑,俯仰中,感受着岁月与人事的更替。

走近砀山天主教堂

在中国梨都砀山县西关闹市区,有一座风格迥别于周围的大型建筑——天主教堂。饱经百年沧桑,它依然以不变的庄严和肃穆屹立,在繁嚣中宁静而安详,令人想起陶渊明"心远地自偏"的诗句。走近教堂,心里油然有种隔离尘世的感觉。

砀山天主教堂隶属于蚌埠教区,因其建筑风格独特,建筑技艺精湛,保存较为完好,于1998年被安徽省人民政府公布为省级重点文物保护单位。

天主教，英文为"Catholicism"，原意为"普世的信仰"，因此又称公教（拉丁文的音译为"加力特教"），是基督宗教的主要派别之一，与正教（东正教）、新教并称为基督教的三大派别。公教在16世纪传入中国后，因其信徒所崇奉的神称为"天主"，在中国被称为"天主教"。

基督教产生不久，逐渐分化为以希腊语为中心的东派和拉丁语地区的西派。公元476年，西罗马帝国灭亡前后，罗马主教成为西部教会的领袖，后自称教皇。1054年，东西两派正式分裂，以罗马教皇为首的西部教会自称"公教"，即天主教，同自称"正教"的东部教会相对峙。公教除崇尚天主(即上帝)和基督耶稣外，还尊玛利亚为"圣母"，强调教徒必须服从教会权威，声称教士有受自天主的神秘权力，可以代表天主对人定罪或赦罪，并有一整套等级森严的教阶制度。天主教主要分布于意、法、比、西、葡、匈、波、美及拉丁美洲各国。

天主教在中国曾经几经兴衰：在唐朝，当时尚未分裂的基督教会的一个派别聂斯脱利派传入中国，称为景教，后随唐武宗灭佛而一起消亡。分裂后的天主教最早传入中国是在元

砀山天主教堂

朝，1294年意大利孟高唯诺以教廷使节身份来到中国，并获准在京城设立教堂传教，这是天主教正式传入中国。教旨主要在宫廷上层传播，后随元朝灭亡而中断。16世纪，以利马窦为首的耶稣会士再度将天主教传入中国。清康熙年间，由于天主教不准中国教徒敬孔祭祖，而遭康熙皇帝禁教，天主教再陷低谷。19世纪中叶，鸦片战争后至民国初期，天主教在中国短暂中兴，中华人民共和国建国以后至文革期间，天主教再度中落，近年来，天主教在中国传播较为普遍。

砀山现存天主教堂是加拿大和法国传教士合建，1914年动工，1917年竣工，历时三年。教堂由圣堂、钟楼、更衣室三部分组成，总建筑面积770平方米，教会占地面积9246.15平方米。

圣堂为全木架结构，从外形上看，整座圣堂酷似巍峨的十字架，从中不难看出设计者的匠心，寓意深长。除了外观的独特，它的建筑风格也相当科学和考究，圣堂外观为青砖青瓦，白石灰勾缝，既朴实无华又干净圣洁，与教会意蕴契合。与外观上的简洁相比，圣堂的室内建构则显得相当复杂和华贵，它的主体建筑是由上万件大小不同的红松木构件镶套、榫卯、组合而成，排36根高6米多方形巨大抱柱，擎起整座圣堂的木架和屋顶。另有4根巨型抱柱擎起两处三角形框架，构筑起十字架的外观形象，抱柱与三角形框架用红、黑、绿、白油漆套色修饰，刻画出不同的符号，这些符号代表着不同的宗教含义，所有这一切，既体现了建筑艺术的精妙，又糅进了神秘莫测的宗教教旨。值得一提的是，圣堂的十字堂部分，其立体三角结构使用了数百种构件，这数百种构件的连接不用钉铆，全部靠镶套、榫卯和穿锁，各构件之间严丝合缝，几乎看不出组合痕迹，木工手艺之高超，令人叹为观止。圣堂的屋顶同样体现了精巧与科学实用的统一：屋顶两坡面设计出弧度，上面施以青色小瓦，既缓解了暴雨冲刷、分均了屋顶重量，又美观大方，张扬了个性。

教堂钟楼在圣堂的正前方，建筑面积不大，60多平方米，高却达30多米，钟楼尖顶给人以高耸入云的感觉。钟楼四面分别镶有大钟，在夜间，报时的钟声响起，附近十多里都能听到响亮的钟声，这夜半钟声增添了教堂的神秘感。

砀山天主教堂建筑艺术之高超、保存之完好，为全省所少见，作为人类精神文化成果，它历经一个世纪的风风雨雨，具有非凡的历史和文物价值。庆幸的是，它在文革"破四旧"运动中竟然躲过了一劫，从文革的洗劫中得以幸存：说来也巧，文革那个对历史遗存破坏甚于历代兵燹战火的时代，恰恰是物资匮乏的时代。因此人们不得已时，也偶尔会丧失"政治原则立场"。于是一些"四旧"因挪作他用而得以完好保存。砀山天主教堂正是这样，文革期间，它成了砀山白酒厂的仓库，这也算是"洋为中用"吧。

《圣经》提倡忍让乐观处事，要求教徒们抛开世俗净化心灵，追求和平安宁，其实这是人人都向往的生活境界。当然，天主教作为一种信仰并不为所有人认同，但它毕竟是人类探索的精神成果之一，是文化的百花之一，理应受到尊重。好在现在各种信仰都受到了宽容和理解。

毕竟一切都已远了。文革那些事，也远了。

宿州赛珍珠故居

在宿州市大河南街东段，有一处建于清代末年的宗教式典型建筑群，名为福音堂，是基督教传教的地方。整个建筑东西70米，南北77米，占地面积5390平方米，为淮北地区保存较完整的教堂建筑群体。其中一间20平方米左右的西式平楼，门对着庭院的松柏和腊梅，静静地立在福音堂院内西侧，这间西式平楼是获得诺贝尔文学奖的美国女作家赛珍珠居住过的地方。

赛珍珠在宿州的居所共有三处，这间西式平楼是她最初居住过的地方，也是目前保存最完整的故居。因为居室面积较狭窄，不久赛珍珠移居大河南街中段路北一处灰砖青瓦的王氏公祠暂住。后来，由教会出资、赛珍珠自行设计，建造了**两层西式简易楼房**，房址在今东昌路市委党校院内，这　处房子有宽大的坡璃窗，光线充足，院内有碧绿如茵的草坪，居住条件较为理想。可惜这处住所和王氏公祠已经不复存在。

1938年底，在瑞典首都斯德哥尔摩诺贝尔文学奖颁奖典礼上，美国女作家赛珍珠身着庄重的礼服长裙，在热烈的掌声中接受诺贝尔文学奖。对她来说，这是一生当中最辉煌的时刻，这一年，她因为小说《大地》而获得诺贝尔文学奖。赛珍珠获奖时仅46岁，成为最年轻的获奖作家(后来获奖的布罗斯基常被认为是最年轻的作家，其实获奖时已47岁)。

诺贝尔文学奖，这个世界文学界的最高奖项，100多年来，让无数中国文人为之奋斗终生却始终难以如愿，这有史以来第一部因描写中国而获奖的作品，竟然出自一个美国女作家之手，而且，75万字的长篇小说《大地》正是取材于宿州这片土地。是中国和中国文化哺育了这位作家，也是宿州和宿州大地给了这位作家以创作的源泉。

《大地》成就了赛珍珠的辉煌：1931年，这部长篇小说在美国约翰一戴公司出版，就使赛珍珠成为名噪一时的畅销书作家；1932年，她获得美国普利策奖；1935年，美国米高扬电影公司根据赛珍珠同名小说改编的影片《大地》上映，当即轰动了美国，作品一举获得第十届奥斯卡最佳女演员、最佳摄影两项金像奖。赛珍珠的作品也先后被60多个国家翻译出版，成为世界上作品流传范围最广的作家之一。

赛珍珠究竟是怎样一个人，她为什么能写出《大地》，《大地》又是怎样的一本书呢？走近赛珍珠，也许并不难寻求答案。

赛珍珠1892年6月26日诞生在美国西弗吉亚州。原名珀尔·赛登斯特里克（Pearl Sydenstricker），赛珍珠(Pearl-Buck)是她的中文名字。说来奇怪，作为一个美国人，她出生在美国纯属不得已。她的父亲赛兆祥(Absalom Syden-stricker, 1852～1931年)是一个善良的人，他的学生冬天没有棉衣穿，冻得直哆嗦，他就为学生买了棉衣，而他自己的棉衣后肘上全破了，毛衣也烂了。赛兆祥满怀"拯救世界"的宗教热情，刚结婚便带着妻子凯丽(Carie Sydenstricker, 1857～1921年)来中国传教。赛珍珠的五位兄弟姐妹，全部出生在中国。其中三个，因患流行病早年夭折，葬在中国。为了给怀孕的妻子一个条件好的生育环境，赛兆祥和妻子回美国休假，这才把赛珍珠生在了家乡。但出生三个月，赛珍珠便被放在摇篮里，随父母漂洋过海来到中国。此后，这个金发碧眼高鼻梁的美国女孩在中国一呆就是40年。赛珍珠4岁的时候全家定居江苏镇江，在那里，赛珍珠度过了她的童年和少年时光。父亲是传教士和大学教授，母亲主持家务，教育子女。赛珍珠从小就和中国孩子一样，接受中国传统的私塾式教育，说中国话，写中国字，和中国孩子一块儿玩耍。以至于后来，连她都觉得"自己与中国人没什么两样"。

17岁时，赛珍珠回美国，进弗吉尼亚伦道夫梅康女子学院攻读心理学，毕业后回到中国家中，在中国又度过了10年。

1917年5月，25岁的赛珍珠与新婚燕尔的丈夫布克(John Lossing Buck)来到宿州。布克是农业专家。当时美国教会在宿州创办了"福音

赛珍珠纪念馆（一）

堂"、"启秀女子小学"和"农业科学实验部"。布克在"农业科学实验部"任农艺师，赛珍珠则在"启秀女子小学"任教师，当时宿州百姓称她为"布师母"。

不了解赛珍珠的人往往有这样的困惑：赛珍珠在中国度过了近40年，而在宿州仅仅生活了不到5年，包括《大地》在内的许多重要的作品，都带有宿州这片土地的印痕，为什么赛珍珠对宿州难以忘怀呢？

赛珍珠了解农民，也了解宿州大地，源于与布克的婚姻。也就是说：正是与布克的婚姻，使赛珍珠走向宿州农民，走向中国大地的纵深！

丈夫布克的职业是农业科学实验，这一职业使布克必须与农民、与土地密切接触，进行有关农业的调查，从中了解农业信息。作为新婚妻子，对丈夫的爱和对丈夫事业的支持，使赛珍珠义不容辞担当了丈夫的

赛珍珠纪念馆（二）

助手，和丈夫一道深入农民中进行农业调查。这使赛珍珠开始接触到最底层的中国人，也是日后她最喜爱的一群人——中国的农民。这一生活经历，成为赛珍珠日后写作《大地》三部曲最重要的材料来源，是宿州诞生了作为作家的赛珍珠!

赛珍珠也对成就了她的宿州和宿州人民怀有深厚的感情，她在《自传》(My Several Worlds)里，以饱蘸感情的笔触说道："在南徐州（今安徽宿州，因靠近苏北重镇徐州，又称南徐州）居住的时间越长，我就越了解那些住在城外村庄里的穷苦农民，而不是那些富人。穷人们承受着生活的重压，钱赚的最少，活却干的最多。他们活的最真实，最接近土地，最接近生和死，最接近欢笑和泪水。走访农家成了我自己寻找生活真实的途径。在农民当中，我找到了人类最纯真的感情。"

赛珍珠深为宿州农民的淳朴、善良和顽强所感动，认为他们才是中华民族的真正代表。她决意替这些不善言辞的农民说话，写下他们生活的艰辛、理想与追求。她说："我不喜欢那些把中国人写得奇异而怪诞的著作，我最大的愿望就是要使这个民族在我的书中如同他们自己原来一样的真实正确地出现。"这就是赛珍珠创作《大地》和其他有关我国农村生活的作品的初衷。

赛珍珠融入了宿州生活。阳春三月，她和布克或骑脚踏车，或坐轿，到乡村踏青观农；夏天到来，豆棚瓜架和浓荫树下，就成了她和农妇倾谈的极好场所；隆冬季节，她穿着当地农民为她做的"牛毛窝子"，围坐在农家燃起的火堆旁取暖、漫谈，大到春耕夏种秋收冬藏、蝗灾水患战乱兵祸，小到妯娌婆媳不和、夫妻吵架斗嘴等等，都是经常谈论的话题。赛珍珠获得了农民朋友"最秘密、最内在"的信任。农妇们更是愿意像女人与女人、朋友与朋友那样与她交谈，赛珍珠在离开中国相当长时间内，还和在宿州结识最好、最亲密的朋友保持着情谊。

一位熟悉赛珍珠的宿州老人回忆说：赛珍珠20多岁，高高的个儿，苗条的身材，白白的皮肤，高鼻梁，蓝眼睛，黄头发，性格开朗，待人热情，交流广泛。她还是个理家能手，她虽然是外国人，但也是个"宿州通"，对当时果菜市场行情了如指掌。她丈夫布克恰恰相反，除了他的农业推广工作外，对周围事物，知之甚少。记得有一天，门外传来卖豆腐的声音，她正在会客，就让丈夫布克出去买，布克买好豆腐，忽然想到自己并不知道豆腐行情，恐怕买贵了遭夫人取笑，连忙回去向赛珍珠问清了行情，回头和卖豆腐的讨价还价。这件趣事曾经成为笑谈，也说明了赛珍珠对生活的接近。

赛珍珠后来与丈夫布克去了当时的中国政治中心南京，在南京金陵大学的一座小洋楼的阁楼上，她完成了长篇小说《大地》。

《大地》描写了一个叫王龙的中国农民的发家史：农民王龙和她的妻子阿兰，凭借勤劳坚韧，与贫穷和天灾作斗争，逐渐发达，营造了一个四代同堂的幸福家庭。

在小说《大地》中处处可以看见宿州农民生活的场景，书中人物的衣着言行、生活用具以及茶馆、古塔、土地庙、蝗灾水患，大都留有20世纪30年代宿州的痕迹。

赛珍珠住所离宿州南关很近，她进出城总要经过城门洞和"瓮圈"（内外两道城门之间空敞的地方叫瓮圈），城门和"瓮圈"下既防雨又防晒，常有小贩们叫卖瓜果或毛巾袜子等物。《大地》写王龙把丫环阿兰从黄大户家里领出来，在城门洞里卖桃子，这情景正是宿州生活剪影。

《大地》还写了黄姓大户。当时宿州城内确有黄姓大户，是宿州三大富户之一，拥有前街后街房舍百间，乡间有良田数千亩。赛珍珠在宿州时，正值黄家渐衰。黄氏家族的黄子厚笃信基督教，是教会的一名长老，与赛珍珠及其他传教士都有交往。黄子厚把自己的部分房舍借给教会学校，还在西门口街上开设了宿州独家中西食品店，赛珍珠是这家食品店的常客。

1934年，赛珍珠回到美国定居，但一直到生命的尽头，她也无法将中国忘怀。她在美国居住过很多地方，但都保持着中国的生活习惯，最后在费城北部买下一座农场。赛珍珠在自己的晚年自述中写道：在深夜醒来，即使在自己的房子里，也感到无比的孤单，在这里，仍然没有完全感到身在家中，中国是我的第一家园。

知道美国总统尼克松即将访华的消息，赛珍珠立刻向中国驻加拿大大使馆提出申请，她企盼着能有机会在死前回到中国，她接二连三地给周恩来总理和我国其他领导人发电报，希望能使她得到一份邀请和入境签证。她还私下向尼克松总统求情。与此同时，她信心十足地向多种新闻媒体宣布了自己即将访华和写一部反映新中国的书的计划。但是，令赛珍珠万万没有想到的是，由于某些政治原因，她的访华申请遭到拒绝。

随后她写道：我将永远不能够看到你们，我所热爱的中国民众，我永远是你们的一部分，你们永远是我的一部分，你们形成了我，你们养育了我，你们影响了我，使我的名字长存于世。

1973年3月6日，赛珍珠长眠，享年81岁。在一个简短的非宗教仪式后，赛珍珠被葬在离她的住宅不远的一棵白蜡树下。她自己设计的墓碑上没用一个英文字，只是在一个方框内镌刻了"赛珍珠"三个汉字。她选择使用汉语和她早年的名字来永远代表自己，可说是意味深长。

赛珍珠一生写了100多部作品，包括小说、传记、儿童文学等，她还将中国古典名著《水浒传》翻译成英文，译名《四海之内皆兄弟》。美国总统尼克松称誉她为"一座沟通东西方文明的桥梁"，美国历史学家也评价她是"自13世纪马可·波罗以来写中国故事最有影响力的人"。同时，她还是一位充满社会意识的人道主义者，1949年，赛珍珠建立美国第一家为亚洲和其他民族混血儿童提供服务的收养院，在此后的近50年中为5000名儿童找到了家。1964年，赛珍珠建立了以自己名字命名的基金会，为亚洲国家几万名美亚混血儿提供医疗和教育援助。此外，她还致力于美国黑人的人权斗争和妇女解放运动，从这种意义上说，赛珍珠确实称得上是世界历史上的杰出女性。

赛珍珠对宿州有着特殊的感情，宿州人对赛珍珠也同样有着特殊的感情，目前，宿州市已经制定保护计划：保护好现在福音堂的故居，室内恢复旧时摆设；按照《大地》书中描述的黄家庄园，进行恢复建设。2005年，由市政府投资，对位于市立医院院内的一处具有西式建筑风格的一栋两层楼房进行了修缮，命名为赛珍珠纪念馆。这栋楼房始建于1913年，为砖木结构，面积446平方米。楼前有两株苍松掩映，走近赛珍珠纪念馆，目睹赛珍珠曾经使用过的壁炉，你会想象出当年赛珍珠在此捧读《水浒传》，或与宿州乡亲雪夜长谈的情景……

古墓葬

艺术瑰宝画像石

　　画像石是汉代艺术家刻在石块上的雕刻艺术品，它既是墓室内的装饰品，又是具有实际使用价值的石质建筑材料。画像石是作为随葬品镶嵌在墓室内的，它是墓主生前官宅府邸的缩影，又是汉代封建统治者用绘画点缀政教思想的集中体现。画像石是我国两汉时期特有的文物，是汉武帝执政后期出现的新的艺术形式，它是汉代统治者以古为鉴，以善为师，以恶为戒，给世人树立忠、孝、仁、义、礼、智、信、节的榜样，当然它也是汉代贵族独尊儒术、崇尚厚葬、炫耀富有、区分贵贱的标识。

　　我国历史上汉画像石五大分布区为河南的南阳、山西的离石、陕西的榆林、山东的滕州和江苏的徐州。宿州有大量的汉画像石是近十几年才发现的，不仅分布面广，而且藏量很大。萧县出土的大批汉画像石属于西汉时期，泗县出土的大批汉画像石属于东汉时期，而埇桥出土的大批汉画像石则两个时期都有。

　　宿州汉画像石石质坚硬，削凿磨制成石材后，先由画工用墨线勾勒出物像，再由石匠阴刻其轮廓并剔地平铲，成为浅浮雕作品。画像中哪怕细微部分也不留原有墨迹，其画像构图疏朗，刻画凝重醒目，形象洗

东汉熹平三年纪年画像石——车马出行图

练质朴。线刻细腻真切，有阴柔之丽，浮雕浑雄苍健，有阳刚之美。阴柔阳刚，体现了中国传统美的基本要素。宿州汉画像石的艺术特色是构图紧密、夸张得体、以形传神，表现出一定的创造性。无论雕刻还是画风，都具有很高的艺术欣赏价值。

宿州汉画像石丰富的内容，真实地再现了汉代政治、经济、文化、信仰等各个方面。反映现实生活的题材有车马出行、对搏比武、舞乐杂技、迎宾待客、庖厨宴饮、建筑人物、男耕女织等；反映神话故事的内容有伏羲、女娲、炎帝、黄帝、东王公、西王母、日中金乌、月中玉兔等；表示祥瑞吉祥的图案有青龙、白虎、朱雀、玄武、麒麟、九尾狐、二龙穿璧、十字穿环等。

现在看来，宿州算是我国出土汉画像石较多的地区之一。这里8000年前就留下了人类文明的足迹，不仅长江文明和黄河文明同时在这里产生影响，而且是楚汉文化的交融地。垓下大战、十面埋伏、霸王别姬和皇藏峪的诸多传说，种种政治、经济和战争的背景，形成了宿州这个独特的汉画像石艺术宝库。

无论萧县、泗县还是埇桥出土的汉画像石中都有许多伏羲和女娲交尾图。伏羲是传说中的三皇之一，他教先民结网捕鱼，变游猎为农耕，对原始社会生产力的发展有卓越贡献；女娲是传说中的造世主。古

代传说伏羲、女娲既是兄妹关系，又是夫妻关系。《风俗通义》云："女娲，伏希（羲）之妹。"《春秋世谱》云："华胥生男子为伏羲，女子为女娲。"卢仝《玉川子集·与马异结交诗》云："女娲本是伏羲妇"，都说明了这个问题。

至于他们是怎样由兄妹而结为夫妻的，李冗的《独异志》中讲了这么一则神话：有一次，下雨三日不停，洪水暴涨，人全淹死了，伏羲兄妹躲在一个葫芦瓢里，幸免于难。等到雨停水退，他们从葫芦瓢里走出来后，世界上已杳无人迹。一个仙人对他们说："这世界上已没有人了，你们结为夫妻吧，不然人类要灭种了。"他们没有同意，因为过去听老人说过，亲兄妹不能结为夫妻。他们向前走去，一只乌鸦飞来，劝他们结为夫妻，他们很生气，砍下了乌鸦的头说："如果你能接活，我们就结为夫妻。"刚说完，乌鸦的头与身又连在一起，呱呱叫着飞走了。可是伏羲兄妹仍不肯结为夫妻，继续向前走，又遇到了观音娘娘。观音娘娘劝他们结为夫妻，并说这是天意，他们不信，观音娘娘说："你们各去一个山头，各燃一堆火，如果两股烟能合到一起，就说明天意要你们结为夫妻。"他们照做了，果真两股烟合在了一起，于是他们就结为夫妻了。

后来，他们生下了一个怪胎，是一个肉团。他们很难过，但观音娘娘教他们把肉团剁碎，撒向大地。他们把它撒在山冈上，就长出了瑶人；撒在平原上，就长出了汉人；撒在山边和圩边，就长出了壮人……

宿州汉画像石里面的女娲多为人头蛇身，这恰恰映证了中华民族是龙的传人。汉画像石中对龙的表现，更达到了一定的境界。所出现的龙均舒展劲拔，刚强生动，表达出各种昂扬的性格，蛟龙腾空跃起，应龙驾云飞雾，苍龙交尾嘶鸣。龙的形象最能显示出宿州汉画像石的雄伟意境。

汉画像石在艺术形式上上承战国绘画古朴之风，下开魏晋风度艺术之先河，奠定了中国画的基本法规和规范。汉画像石同商周的青铜器、南北朝的石窟艺术、唐诗、宋词一样，各领风骚数百年，成为我国文化艺术中的杰出代表和文化艺术瑰宝。

九女坟画像石墓

九女坟坐落在宿州市埇桥区褚兰镇夏疃村东的墓山上，东距褚兰镇1.5公里，南距市区66公里，北距江苏徐州市30公里，是一座大型石构古墓葬，其年代约在东汉晚期。

一 关于"九女坟"的传说和考古发掘

说起"九女坟"的来历，在褚兰一带有一个广为流传的故事：古时候，褚兰一带，树茂林密，人烟稀少。山中有一条大虫，常常兴妖作怪。这只妖怪时常夜间出没乡里，所经之处，黑风骤起，扬沙走石，妖怪凭借狂风呼啸而至，掠人妻女，吞噬牛羊，毁坏房舍。每当夜色来临，家家关门闭户，百姓无不过着提心吊胆的日子。为保一方平安，族中长老，聚众议商，定每年二月初八日，以牺牲牛羊和16岁美貌女子供奉妖怪，年年祭祀，岁岁如此，百姓苦不堪言。迨至第九位少女作祭时，此女侠肝义胆，是日，她身着红装，腰中暗藏利刃，面无惧色，从容以待。夜晚降临，一阵狂风过后，妖怪走来享受祭品，侠女面带微笑，当妖怪近身时，拔出利器，对准妖怪猛刺数刀，妖怪顿现原形，原来是一条巨蟒。侠女继续与蛇妖搏斗，终于划破蛇腹，令其肝肠涂地，命归西天。经过一夜搏斗，侠女自己也累得力尽气绝，吐血而亡。众乡亲为表达对这位侠女的感激和敬仰，纷纷捐出银两，集能工巧匠，开山劈石，筑大墓而厚葬之。"九女坟"的传说在民间家喻户晓，就这样被传了一代又一代。这自然是一段巾帼英雄为民除害的佳话。

民间传说和科学发掘结果往往是两码事。1956年春，原文化部文化事业管理局局长郑振铎先生于徐州获悉宿州褚兰有个九女坟遭到破坏，遂电报通知安徽省文物管理委员会，省博物馆立即派王步毅、胡悦谦两同志前往实地调查，同年秋天，实施了考古发掘工作，从此揭开了"九女坟"的神秘面纱。科学发掘证实这是一座距今1700余年由巨石构筑，多室组成的大型夫妻合葬墓，墓室四壁用石刻壁画装潢得十分华美，为皖北地区仅有的一座大型画像石墓，保存十分完整。

二 九女坟的墓葬形制

"九女坟"建在墓山的顶部，背依群山，面对平川，地势高敞，视野十分开阔，可谓是一块风水宝地。科学发掘工作揭示了九女坟的建筑由地面上的石祠、墓垣、墓封土和地下墓室组成。

地面建筑因代远年湮、风雨侵蚀，难以保存至今，只留下断壁残垣。土堆和墓垣平面呈长方形，东西长9.8米，南北宽6.5米，墓垣高0.5米。石祠为单开间，屋顶为两坡式，祠门向南敞开，面阔1.4米，进深0.9米，墓座由厚石板平铺而成，内壁布满画像。

地下墓室由双甬道、横前室、双后室和一个耳室组成。墓门向西，墓向285度。整个地下墓室全部由巨石构筑。甬道长1.8米，宽1米，高1.54米，设有石门，高1.1米，宽0.9米，两个甬道之间有隔墙。由甬道进入前室，前室呈长方形，南北横置，前室长3.46米，宽1.93米，高2.74米。由前室东行进入两间后室，前室相当于生活中的客厅，而后室是存放棺椁的，相当于生活中的卧室。后室长3.24米，宽1.46米，高2.16米。耳室在前室的北侧，相当于生活中的灶房，近方形，长1.4米，宽1.2米，高1.37米。墓室底部全部由大石板铺就，墓室顶部采用大石条叠放收缩封顶，抗拒了巨大的封土堆带来的压力，保障了墓室安全无恙。整个地下墓室呈东西长方形，长7米，宽4.84米，建筑面积约35平方米。

三 九女坟画像石的配置和内容

"画像石"一词为多数人所陌生，所谓画像石是指汉代地下墓室、墓地祠堂、墓阙等建筑上雕刻画像的建筑构石，其所属建筑，为丧葬礼制性建筑，在本质意义上，属于一种祭祀性丧葬艺术。汉画像石墓作为一种历史现象从西汉中晚期到东汉末年，它伴随着疯狂涌动的厚葬之风在社会上流行了近300个春秋。九女坟的画像石毫不例外地以现实主义的手法，生动地再现了汉代社会生活的方方面面，用浪漫主义的手法妙趣横生地描绘了汉代的鬼神信仰和理想追求。

九女坟画像石的内容非常丰富，尤其是地面石祠画像远比地下墓室丰富，毕竟地面石祠画像是给生者看的，而掩埋于地下的墓室画像是为死者服务的。汉代人依照他们的信仰和宇宙观将天地间划为四界：天界是神居住的地方，仙界是得道成仙者居住的地方，而人间是凡界，地下的鬼魂世界是死者去的地方，并希望死去的先辈们能够积德转世到达仙界，保佑子孙后代兴旺发达。九女坟画像石基本是按照这一理念去配置的。如：伏羲、女娲为人类始祖，被配置在地下墓室和石祠的顶部，他们的形象是人首蛇躯，代表阴阳，首尾相接以示交尾，繁衍人类。东王公、西王母、河神、玉兔捣药、奇禽异兽等神话故事被配置在生产生活场面的上部，再下是人间社会，农耕、纺织、渔猎、歌舞杂技百戏、六博、庖厨、饮酒、车马出行。还有一些内容被配置在固定位置上，如铺首衔环是固定在石门或门框上，铺首是"龙生九子"的其中一个儿子，因其忠厚老实就命它去守门。青龙、白虎、朱雀、玄武，是四个方位神，通常被配置在门两旁：青龙在左，象征东方；白虎在右，象征西方；朱雀配置在正房屋顶上，以示南方。

汉代画像石是一部描绘汉代历史的长卷，它代表了汉代绘画艺术的成就，它不仅是汉以前中国古典艺术发展的巅峰，而且对汉以后的绘画艺术也产生了巨大而深远的影响，在中国美术史上占有承前启后的重要地位，这正是九女坟画像石墓的学术价值、观赏价值所在。1961年，安徽省政府将其公布为全省重点文物保护单位。

清代女干尸之谜

在萧县博物馆，保存着一具距今近300年的清代女尸，这具女尸2001年出土于砀山，据专家称，这是目前在安徽，甚至全国都难得一见的"完好女尸"，是我国保存较好的第四具"湿尸"。它不仅提供了尸体保存成功的实例，也为研究清代历史、清代尸体保存技术，研究皖北、徐淮地区葬式、葬法等提供了十分难得的实物资料，因此，具有很高的历史研究价值和科学研究价值。

2001年3月23日上午，砀山县城关西部的一片土地上机声隆隆，一派繁忙。由砀山县建筑公司承建的商品住宅楼建筑工地——"梨园小区"正在紧张进行着施工。在2号楼的地基上，一台大型挖掘机在驾驶员熟练的操纵下，长长的铁臂伸展自如，左旋右转，一次次地把地槽里的泥土挖抓上来，送上一边等待的翻斗运土车。

上午9点多钟，挖掘机有力的铁臂伸到4米深的地槽下掘土时，通体深红色的棺材渐渐露了出来，棺材之大、之完好让在场的所有人都惊讶了。经过人们用绳索、棍棒和挖掘机的合力，终于把整个棺材弄上了地面。阳光下的棺材油漆还闪闪发亮，就像刚安葬到地下一样。周围的居民也闻讯陆续赶了过来，不大工夫，竟围了好几百人。在挖掘机铁臂的帮助下，人们又砸又撬，终于打开了4个工人也难以抬动的棺盖，一位盛装白净的古代女子静静地躺在里面，像睡着了一样，有许多东西在女子的头上、手上和衣服上发出亮光。

古墓所在地原为乱坟冈，这座古墓是其中一个较大的土堆，据当地年长者说，他们从小常在这大坟上割草、嬉戏，就连他们的祖辈们也不知这是谁家的祖坟，从未见有人烧纸、添坟、祭祀，只是见过早年有两座雕工精细的大石碑的基座淹没在乱草丛中。

古墓及女尸的发现，立刻轰动了整个砀山县城，成千上万的百姓闻讯赶来，争睹奇观。女尸修长的身材、细腻的皮肤、一头乌黑的亮发、修剪整齐涂着红色指甲油的一双纤细的小手，以及那一双小巧的"三寸金莲"，都使围观的人们发出阵阵惊叹，女子喉部呈"T"字形的深深刀痕和臀部尾骨处的一个肉囊，更使人们大为惊奇，议论纷纷。

而许多古老的传说，也从一些老人们的口中议论出来。

有人说是明朝末年社会动乱时，朝中一位大臣的小妾被暗害，葬于此地；有人说乾隆下江南收留一位美女，引起皇后的嫉妒，还没等乾隆正式纳妾就被杀害，按皇帝旨意在其家乡厚葬；有人说是乾隆皇帝十分爱慕的香妃，她美妙绝伦，乾隆皇帝倾心，皇太后怕贻误大清国事，多次极力劝阻乾隆无效，只得将香妃赐死，香妃贴身侍女见主子已死，也自杀身亡，该女正是乾隆皇帝在砀山收留的小女子。乾隆惊见二位红颜薄命，悲痛欲绝，遂命宫人将其主仆二人送往小女子家乡砀山厚葬。

关于香妃，早在1937年，我国清史专家孟森就经过详实的考证，认为香妃即容妃，并著有《香妃考实》一书存世。1914年，故宫展出了乾隆时宫廷画家、意大利人郎世宁所画的十多张宫中美人像油画。其中有一张"香妃戎装像"引人注目，画中所记文字也证实确有香妃其人："香妃者，回部王妃也。多姿色，生而体有异香，不假熏沐……"

坐落在新疆喀什市东北郊有一座古墓，传说为"香妃墓"。清高宗乾隆皇帝的一位宠妃——"香妃"死后葬于此地，但考证认为是"阿帕霍加墓"，墓中埋葬的是明清时期伊斯兰教著名传教士买买提玉素甫霍加、阿帕霍加及其后裔，共5代72人。此外，河北遵化的清代皇家陵墓中曾发掘过一个有伊斯兰文字的棺木就是香妃的墓葬。不过让人觉得不可理解的是，作为皇帝宠爱的香妃，其河北遵化的墓葬居然没有发现多少随葬品。

那么，真正的香妃究竟埋葬在哪里呢？砀山神秘古墓及女尸的发现不得不让人发生联想。

让人惊奇的是，开棺时棺内一股奇特、浓郁的香味扑面而出，这浓郁的香气仿佛在向人们提示着墓主人的身世。家里几代都住在古墓附近的人也证实，开棺那天，他们离几百米就闻到了香味。而砀山是个回民聚居的地方，这之间有什么必然的联系呢，这是否就是香妃的尸体呢？

随后，砀山县文物部门人员赶到，对现场进行了勘察保护。

经安徽省文物局考古研究所有关考古专家对出土的葬具、尸体及有关器物考证分析，初步鉴定该古墓为清代古墓，距今300年左右，出土器物为国家二级文物。

古墓情况　该墓为一大型双棺墓，一墓两棺，均南北向，东为一号主棺，西为二号棺（单棺已朽），两棺相距1米。一号棺由外椁、中椁、内棺"三套棺"组成。外椁和中椁为柏木制造，外椁已朽坏，呈古铜色，表面经釉状瓷粉与油漆混合粉刷，光滑细腻；中椁呈朱红色，长291

厘米，宽218厘米，椁板厚17厘米；内棺为楠木制作，棺长214厘米，宽70厘米，高75厘米，棺板均以燕尾槽扣接，整个棺体呈朱红色，光彩夺目。打开棺盖时有异香扑鼻而来，棺内布有大量中草药。外椁和中椁、中椁和内棺之间有糯米汁与生石灰的混合物，坚如磐石，厚度约40厘米。整个葬具造型美观，完整如新，浑然一体，天衣无缝。

出土器物　现经砀山县城关公安分局追回的随葬器物有：金簪两枚、耳环一枚、朝珠下的胸坠一枚、帽花一枚、铜钱数枚、佛珠一串。金簪、耳环、帽花均为赤金锻造，金簪和帽花均有"元吉"铭文及花纹，细小入微；耳环锻有"鲤鱼跳龙门"图案，鱼身上之鱼鳞清晰可见，龙门形象逼真，可谓巧夺天工；佛珠系檀香精雕细刻而成，形状各异，清香四溢，其椭圆形珠坠上的佛家图案工艺考究。

墓主概况　墓主系女性，置于内棺，尸体上盖罗巾被，下铺丝棉褥，身着衣物华美如新，雍容典雅。其头戴黑色女士葬帽，身穿绣有金丝麒麟的官服，绣有龙凤图案的真丝偏领大褂。腰系黄色的龙凤呈祥图案的罗裙，有呈网状结构的黄色丝穗下摆，金光闪闪；白色的内衣裤，下身着皂色长裤，脚蹬乌色短筒朝靴。脱去衣帽，该女尸保存完好，肢体匀称，身材修长，椭圆形瓜子脸，脚长约30厘米，因多年缠裹之故，仅大母趾凸现在外，趾盖尚存，"三寸金莲"名副其实。骨盆紧锁，尚未生育，牙齿磨损轻度，推断年龄不过30岁。尸身长164厘米，毛发浓密乌黑，发型圆转，用两枚金簪盘于脑后；面部暗灰，神态安详，呈睡眠状，皓齿完好；胸腹部塌陷，内脏皆在其中，手臂肌肉丰满，手指修长，指甲饱满。可清晰看出涂有红色指甲油。腿上肌肉也很丰满，且有弹性，至今关节仍可曲直，全身多处肌肉仍可针剂注射。

最引人注目的是女性墓主的喉部横、纵两条呈"T"字状的伤痕："纵伤创口9厘米，横伤创口达12.3厘米。经医学专家鉴定应是尖锐利器所致。"更让人奇怪的是，她的臀部尾骨上长着一个酷似尾巴的肉囊。也就是这个肉囊，让人们将她与乾隆的香妃联系在一起。

根据历史记载，乾隆三下江南，的确曾有一次经过砀山，而且目前砀山还有"皇路"这个地方，据说这就是当时乾隆曾走过的路。那么，女性墓主真的是香妃吗？

2006年年底，中央电视台《走近科学之香妃谜案》摄制组赶赴砀山，进行了为期两天的紧张拍摄，此次拍摄的科学纪录片《香妃谜案》共分五集，其中砀山部分占两集。《走近科学》栏目组织了全国最知名、最权威的痕迹检验专家、墓葬专家、考古学家、历史学家，旨在揭开砀山2001年发掘的清代女尸的身份之谜。

专家们仔细检验了被疑"香妃"的两大特征——"T"形伤口和"香囊"，一致研究认定，"T"形伤口是开棺后形成的，并非"香妃"被害时所致。他们认为，也许是有人在女尸喉管中寻找"宝物"，才切割或剪切形成这种伤口的。而其所谓之"香囊"，是脱肛所致，并非真的"香囊"。

其实，最能证明女尸身份的是其裹脚方式，"香妃"是来自新疆的回族人，而这个女尸的裹脚方式并非回族式的，专家组专家因此判定这具清代女尸并非传说中的"香妃"。

既然不是"香妃"，那又是怎样的女人可以在死后享受如此厚葬呢？

专家经过考证指出：女尸其身盖罗金被，下铺龙凤褥，身着龙凤服，颈围白丝巾，脚蹬朝靴，她常服上的"补子"为麒麟白泽，各件服饰上均精绣有舞龙、飞凤、祥云、潮水等图案。其随葬的金器图案精细，制作十分考究，并铸有"元吉"铭文。种种特征，均表明其身份之尊贵显赫。

据《明朝典制》记载，补服制度始于明初，官服前胸和背后均缀有丝巾绣成的摆巾，称作"补子"，是代表官位品级的徽识。明代王公的为麒麟，清代直接沿袭明朝官服形式，至清朝其"补子"略有变动，王公为正蟒，武官一品为麒麟。经专家分析认为，该墓葬时代为前清，其夫君应为朝廷中的显赫要官，身份应为一品武官或王公。

为证实这一考证，在央视跟踪拍摄下，专家组来到沈阳，立即用人像模拟组合系统软件将女尸"复活"。经过紧张的复原工作，女尸在生前25岁左右的面孔渐渐清晰：卵圆形脸、合核眼、蒜头鼻、展翅眉、抿嘴、耳轮外张，一脸富贵之相。其头戴半环形金镶宝石的发卡，右插飞凤金钗，绿宝石耳坠，身着清冬服，白色兔毛领，十分漂亮。画像一出，女尸的身份也由此揭开，原来她是清代一位一品官的夫人，尸体"还乡"后才埋葬于此。

不过，这位夫人到底是谁？仍然是个谜。

唐代诗人皮日休墓

宿州北部濉河平原是千里淮北平原的一部分，这里绿水青山，芳草萋萋，历史悠久，环境宜人。古老的濉水滋润了这片土地，也留下了令人骄傲的历史。白居易早年在这里生活多年，韩愈中年在这里生活多年，而初唐诗人王绩更是自作墓志，将骸骨埋葬在这里。生活多年、晚年埋葬于此的还有晚唐诗人皮日休。他们相继在这片土地上璀璨、辉映，使这片土地有了属于自己的非凡荣光。

皮日休墓，在宿州城东北40余里的顺河集北、濉水之滨，距离顺河乡政府约1公里。如今年代久远，已近倾圮，但石门尚存，题曰：皮日休之墓。

皮日休（834～902年），字逸少，后改袭美，早年住鹿门山，自号鹿门子，又号醉士、酒民、间气布衣、醉吟先生。襄阳人（今湖北襄樊襄阳区）。晚唐时期著名文学家。

皮日休出身贫苦家庭，但是他人穷志不穷，早年即志在立功名、佐王治，追踪房玄龄、杜如晦的事业。为了这一志向，他身历四方，先后出游于湖北、湖南、江西、安徽、河南和京都长安。在长安应试进士举不第，他又南行到寿州，在那里寓居求学。唐懿宗咸通八年（867年）登进士第，这一年，他已经33岁。次年，他东游至苏州。咸通十年（869年），为苏州刺史从事，在苏州"帮闲"期间，他认识了另一位晚唐诗人陆龟蒙，两人结成好友，相互唱和。皮日休与陆龟蒙的唱和之作多达

600多首，多讥讽时政，"一篇相投，动辄千数百言，其诗才之富赡挺拔，可以想见"，当时诗坛以"皮陆"称之。

此后，皮日休进京做了太常博士，再被迁为毗陵（今江苏常州，一说江苏武进）副使。唐僖宗乾符五年（878年），黄巢的农民起义军队伍下江浙，皮日休当了黄巢的幕僚。这一年，他40岁。黄巢起义军经过南征北战，进入长安，建立大齐政权，年号金统，授皮日休为翰林学士。

由于黄巢内部分裂，起义军15万大军没有抵挡住李克用4万唐军骑兵的进攻，只好退出长安，转战淮河中游地区。884年，黄巢军在山东狼虎谷被李克用军队包围，黄巢自杀。皮日休脱逃于败军之中，先至吴越投奔钱镠，后于大中末年（859年），移家宿州之符离，晚年病逝于符离，葬在符离东滩水旁。

因为皮日休做过黄巢的官，成为乱臣贼子，新旧《唐书》均不为他立传，现存皮日休诗文，都作于他参加黄巢起义军以前。所以，关于皮日休后来的结局，历来说法不一：

一种说法认为，黄巢怀疑皮日休在赋文里讥讽了自己，遂被黄巢处死。孙光宪《北梦琐言》、钱易《南部新书》、辛文房《唐才子传》等文集，及《全唐诗小传》支持了这一说法。

一种说法认为，黄巢兵镠败后，皮日休因为做过黄巢的官，而为朝廷所不容，被唐朝廷所杀。

一种说法认为，皮日休在黄巢兵败中阵亡。

一种说法认为，皮日休在黄巢兵败后并没有死。尹洙《河南集》有《大理寺丞皮子良墓志》，称"日休避广明之难，奔钱氏。子光业，为吴越丞相。生璨，为元帅判官。子良即璨之子"。陆游《老学庵笔记》也认为皮日休避广明之难，奔于吴越，并无陷巢被诛之事。

最后一种说法较有说服力，为多数学者所认同。如近人缪钺在《再论皮日休参加黄巢起义军的问题》一文中认为"皮日休为黄巢所杀，或为唐代统治者所杀诸种说法均不能成立，而逃奔吴越，依靠钱镠，乃是皮日休的结局"。

其实，在《五代史补》卷一“杨行密钱塘侵掠”条，可以找到皮日休没有死的依据：天复二年，田頵围攻钱塘时，皮日休犹在钱镠幕中，此时黄巢已死19年，可知黄巢没有杀皮日休。

学者张志康的《皮日休究竟是怎样死的》基本同意缪钺的看法，并补充了一些材料，进一步证明缪钺的论点可信。他认为皮日休参加了黄巢起义，黄巢兵败后投奔吴越，后来又离开了钱镠，流寓于安徽宿州，过着一种淡泊清闲的生活，最后死葬在宿州。旧《宿州志》说皮日休流寓宿州以终，墓在濉溪北岸，佐证了这一说法。

鲁迅对皮日休给予了高度评价，称赞他“是一蹋糊涂的泥塘里的光辉的锋芒”。的确，皮日休没有因为生在那个“泥塘”一样的晚唐而失去本身的光芒，也没有因为统治阶层的封杀而失去他在文学史上应有的地位。他被后人称作是“咸通间的诗史作家”，是“晚唐诗歌最后的璀璨”。

皮日休无论在政治上、文学上都能与时俱进，乐为人民鼓与呼。

皮日休在晚唐国势衰败、政治腐败、国家政权摇摇欲坠之时，作为一个有志青年，他自然而然地成为了一个思想者，他对当时封建统治下的黑暗政治，具有敏锐的认识。他认为：“古之置吏也,将以逐盗；今之置吏也,将以为盗。”又说：“古之官人也，以天下为己累，故己忧之；今之官人也，以己为天下累，故人忧之。”（《鹿门隐书》）所以他肯定人民可以反抗暴君，国君如“有不为尧舜之行者，则民扼其吭，挑其首，辱而逐之，折而族之，不为甚矣。”（《原谤》）并指出孟子并不否定商汤、周武王的推翻当代暴君，“古之士以汤、武为逆取者，其不读《孟子》乎？”（《请孟子为学科书》）

正是基于这种认识，在写出许多深刻揭露黑暗现实的政论同时，他身体力行地参加了许多知识分子往往不敢的“犯上作乱”的农民起义，成为“贼”成为“异类”，这不能不说是一种胆识和胸襟。

可惜的是，他个人的声音与行为，在当时的现实“大旋涡里”，是无力的也是渺小的。皮日休这种乱世之中的济世情怀，是英雄本色，也是他在“泥塘一样的晚唐”里的不幸和无奈。

皮日休说："昔者圣贤不偶命，必著书以见志。"（《九讽系述序》）他的文章重视美刺，反对浮艳，以为"乐府，盖古圣王采天下之诗，欲以知国之利病，民之休戚者也。诗之美也，闻之足以观乎功；诗之刺也，闻之足以戒乎政"；"今之所谓乐府者，唯以魏、晋之侈丽，陈、梁之浮艳，谓之乐府诗，真不然矣。"（《正乐府序》）皮日休与杜荀鹤、聂夷中的诗作继承了中唐"新乐府运动"的传统，把文章当讨伐黑暗腐败的檄文一样写，领袖了晚唐的"新乐府运动"。这与白居易诗论的精神相通。

早年的辗转流离，加上后来的黄巢兵败，给皮日休带来了生命的坎坷。但是经历了沧桑事变的皮日休隐居宿州，他的精神并没有隐居，在他生命的后十多年，美丽的濉河平原养育了他，呵护了他，也启迪着他给了他无尽的创作源泉。他的思想变得更加敏锐而深邃，正像淬炼过火的投枪与箭镞。皮日休在宿州作的《汴河怀古》诗是这一时期他诗歌的代表作之一：

尽道隋亡为此河，至今千里赖通波。

若无水殿龙舟事，共禹论功不较多。

就是说，隋朝虽然亡于开挖大运河，劳民伤财。可是毕竟还是修通了绵延4000里贯通南北的大运河，假如没有当年隋炀帝铺张奢糜巡游江南的事，那么隋炀帝的功绩和大运河给后世所带来的利益，甚至可以和治水的大禹相提并论了。颇具思辩色彩的评价，不仅道出了隋炀帝的功过，也指出了大运河的开凿虽劳民一时，但利在后代、利在民族的客观事实。

这是一种全新的观点，身为唐朝子民，敢为隋炀帝翻案，皮日休算是胆子大的，有点狂的味道。

值得宿州人骄傲的是，对皮日休影响最大的白居易和韩愈都曾长时间生活在宿州，而且生活在皮日休隐居的濉水之滨。同一块土地生活，给平素就喜欢白、韩的皮日休提供了千载难逢的机缘。"同声相求同气相吸"，徜徉于白、韩生活过的地方，凝想大诗人的作品，皮日休一定得到过许多来自前辈的信息。

实际上，无论从思想上和风格上，皮日休都继承了白、韩的衣钵。

皮日休的诗，包括两种不同的风格。

一种继承白居易新乐府传统，思想犀利，语言平易近人。皮日休有《七爱诗》，其中之一写白居易，从为人、为官、为诗、为文各方面都对白居易佩服得五体投地，他的诗歌创作，自然受白居易的影响较深。和白居易一样，皮日休也试图使诗成为谏书奏章，并且仿照白居易的新乐府作《正乐府十首》等诗，期望王者从中"知国之利病，民之休戚"。（《正乐府序》）其中如《橡媪叹》写农妇的苦辛，《贪官怨》写贪官污吏的狠毒与无能，矛头都指向了最高统治者。这一类诗有白居易诗的那种简朴的语言和平易的形式，具体而生动地反映了当时社会的阶级矛盾和他同情人民、抨击暴政的态度。

另一种走韩愈逞奇斗险的一路，沈德潜说皮、陆"另开僻涩一体"（《唐诗别裁》）。皮日休的散文可以看出韩愈的影响，语言犀利，注意层次和节奏的变化。尤其短文，常写得简洁而有力。如《鹿门隐书》：

古之杀人也，怒；今之杀人也，笑。

古之置吏也，将以逐盗；今之置吏也，将以为盗。

古之官人也，以天下为己累，故己忧之；今之官人也，以己为天下累，故人忧之。

每层两个完整句，以合于理想的"古"与黑暗的现实相对照，文字简洁凝练，把内心的愤怒与感慨充分地表现出来。另外如《相解》，通过相工以"类禽兽"为富贵之相的现象，引申出对人世种种不平的感慨，隐含了对富贵者很尖刻的讥刺。全文层层推进、转折，句式与节奏也随之变化，造成一定的气势。

在宿州，皮日休还写了不少歌咏宿州风物的诗，这些诗不仅诗美，同时也为古老的宿州平添了许多文化底蕴。如：

汴河怀古

万艘龙舸绿丝间，载到扬州尽不还。

应是天教开汴水，一千余里地无山。

徐王墓及徐园芳树

出宿州城北行35公里，是一片群山盘桓、风气完密的形胜之地——闵子乡。"山川重名贤"，这里是中华第一孝闵子骞的故里，"古今百行孝为先，千载犹称闵子贤"，闵子的贤已经感动了中国数千年；这里还是明代一代贤后马秀英（1332～1382年）的家乡，至今仍然流传着马皇后少儿时在乡间勤劳、善良的故事；这里还长眠着马皇后的父亲——徐王。

丰山之左、龟山之右，旺庄村南，古树掩映着的一处高阜，就是徐王墓。

这里曾经因为埋葬着一代开国皇后的父亲，而显得格外盛大、庄严和肃穆。这里曾经因为绿树巍然、芳草萋萋、风光秀美而成为宿州八景之一——徐王芳树。

沧海桑田，岁月褪去了昔日的风采；风起云动，历史仍诉说着过去的故事。

明朝开国皇帝朱元璋登基之前，为创立大明江山，金戈铁马，南征北战，饱尝了军旅生涯的艰辛。在那些戎马倥偬的岁月，有一位贤淑、温厚的女性，一直伴他左右，照顾他的生活，温暖他的身心，鼓舞着他的精神，甚至直接参与他的军事战争，为他出谋划策。她就是后来被朱元璋册封为孝慈高皇后的马秀英。而徐王，是她的生父。

徐王不仅生养了马秀英，更重要的是，徐王把马秀英带到了建功立业这条路上。

据《宿州志》记载："徐王姓马，名不详，兄弟中排行第二，人称马二公，早卒。"马二公出生在闵子乡的新丰里，当年的新丰里现在叫旺庄，或望庄，旺庄又分前望庄、后望庄。至于新丰里为什么后来改成了望庄，民间还流传着一个有趣的故事。

朱元璋打下天下，创建帝业后，于洪武二年（1369年）追封马二公为徐王，并于洪武四年在墓前建庙和祭祀署，立庙奉祀。马二公无后，他敕封的田产由马皇后的表舅武忠一族配享。武忠，是马皇后的表舅，兄弟排行第四，伟躯铁面，长眉皓齿。马后随徐王避难时，武忠庇护有功。洪武初求而得之"版筑间"。

洪武二年，为奉祀徐王，朱元璋下诏，要武忠晋见。武忠见了皇帝朱元璋，朱元璋告诉他，要他守墓奉祀，并答应他可以跑马圈地，凡是马跑到的地方赐给他作为奉祀的田产。武忠本是农民，也是个粗人，他没有骑过马，恐怕骑马跑不了多远，封的田产少，就对朱元璋说：我不会骑马，不敢骑，你要想赏我，就让我望地封赏吧，凡望到的地方就是我的属地。

朱元璋听了，即刻答应了武忠的要求。

谁知望地那天，竟然下起了大雾。皇帝的旨意不能轻易更改。没有办法，武忠只得登上村前的小山前后望地，四望九里许，作为封地，其中田地360顷，学户24家，鸡园50亩。作为皇亲国戚，这点封地实在不像样子，也有失皇家体统。朱元璋闻知此事，不禁苦笑，苦笑之后又额外拨给武忠闵子乡田地580顷，以供祭祀，一岁七祭，以武氏祖配享。为安慰武忠，朱元璋专门给他下了一道敕书，说：你不要认为奉祀官太小，但是这个官长久，只要我的河山在，就有你这个官，任何人也无法免去你的官职。这句把武忠哄得很高兴。

前望庄、后望庄因此而得名。

徐王马二公成就了女儿马秀英的一世英名，这既跟马二公的性格有关，也是历史的机缘和际会。

马二公躯体魁伟，膂力过人，生性豪爽，行侠仗义，"沉勇坚毅、寡言语、重然诺。见有不义者，疾恶如仇。"因此有威名，也有很多江湖上的好汉朋友。定远的郭子兴就是他的朋友之一。

马秀英的母亲姓郑，村里人称她为郑媪。说不清是什么原因，郑媪和马二公婚后竟然20年不孕。直到郑媪42岁那年才怀上了孩子，这孩子就是马秀英。马秀英周岁时，郑媪便因病去世了。

郑媪去世后，马二公既当爹又当妈，他很疼爱这个女儿，并把女儿当作男孩子一样看待：不但不让她裹脚，反而任着她的性子来，所以马秀英有了双男人般的大脚，正是凭借这双男人般的大脚，马秀英才能健步从宿州走出，迈上大明王朝的历史舞台。也正是父亲马二公言传身教，培养出深明大义、聪敏睿智、肝胆照人而又"母仪天下，慈德昭彰"的马皇后。

当时正值元朝末年，政治黑暗，社会动荡，民不聊生，农民起义此起彼伏。马二公因执言仗义，激愤杀人。不得不带着12岁的马秀英逃往定远，投奔刎颈之交的挚友郭子兴。此时郭子兴已经举起了反元义旗，成为红巾军的一支劲旅。马秀英勤劳睿智，善解人意，很受郭子兴及郭妻张氏的垂爱，收为义女。后来，马二公因故离开队伍返回故乡，却没能再回定远同女儿见一面，就与世长辞了。

郭子兴也是一方义士，他与妻张氏都把马秀英视为己出，精心抚育她长大。既教她读书识字，也教她绣花描红，马秀英心灵手巧，一举一动都透露着大家闺秀的风范，一个相面先生曾对郭子兴说："此女天相，不可等闲视之。"郭子兴听了，很高兴，再看秀英，真是越看越喜爱，把她当作掌上明珠。

1352年，郭子兴率领反元的红巾军占领濠州（今安徽凤阳）时，皇觉寺的和尚朱元璋前来投奔，开始只当了个"十夫长"，但朱元璋骁勇善战，屡立战功，深受郭器重，便将义女马秀英许配给朱元璋为妻。

《明史》称马秀英善以"为妻之道"佐助丈夫朱元璋：郭子兴听信谗言，怀疑朱元璋图谋不轨，马秀英多方解释，使郭疑念顿消；朱元璋带领将士战无虚日，马秀英对朱元璋说：定天下不以杀人为本，朱元璋采纳了她的意见；一次朱元璋主力渡江，马秀英意识到元兵若来袭击，一江阻隔，首尾不能相顾，后果不堪设想，她立即带领眷属渡江，元军果然来袭，因早有防范，朱元璋大军免于一劫；她还亲自率领将士们的眷属给士兵缝补浆洗，使将士们深受感动，打起仗来奋勇效命。

朱元璋很敬重马秀英，把她比作唐代的长孙皇后，马秀英借机提醒朱元璋说："我听说夫妇相保易，君臣相保难。你不忘和我同贫贱的日子，也不要忘记同部下同艰难的日子，我又哪里敢比作长孙皇后呢!"

在马秀英的辅佐下，朱元璋经过十余年征战。扫平群雄，于1368年建立明朝，即位为明太祖。

朱元璋称帝之后，曾多次提出要寻访马皇后的宗族亲戚，封赏爵禄。马皇后坚决不同意，朱元璋说："你是皇后，给皇后的亲戚封官，历朝历代都是这样做的。"

马皇后说："国家法令是你这个当皇帝的定的，你要求文武大臣不要为自己家人求官谋利，但是你封这些亲戚，能让文武百官心悦诚服吗？用人不能看他和咱们有没有亲戚，而要看他有没有才能，对吗？"

马皇后又说："历朝历代有许多皇后的娘家人当了大官，就胡作非为，别人也不敢管，结果闹出了很多乱子。"

朱元璋看到马皇后这么有心胸，十分高兴，答应不再寻访亲属，只追封马皇后的至亲马二公和郑媪。

明朝开国的第二年（洪武二年），朱元璋追封马皇后的父亲马二公为徐王，岳母郑媪为王夫人，建祠堂于太庙之东。马皇后亲自奉安神主，祝文称孝女皇后马氏谨奉皇帝命致祭，洪武四年，礼以为不合朝例，令礼部尚书陶凯即宿州茔次立庙。设奉祀、祀丞各一人。因马公无后，以外戚武忠、武聚任之。置洒扫户93户。

这一次，是朱元璋携同马皇后一同来到宿州闵子乡旺庄，为徐王设祭。朱元璋亲自作祭文。文曰：

朕惟古者创业之君，必得贤后以为内助，共定大业。及天下已安，必追崇外家，以报其德。惟外舅、外姑实生贤女，正位中宫。朕既追封外舅为徐王，外姑为王夫人，以王无继嗣，立庙京师，岁时致祭。然稽之古典，于礼未安。又念人生其土，魂魄必游故乡，故即茔所立庙，俾有司春秋奉祀。兹择吉辰，遣礼官奉安神主于新庙，灵其昭格，尚鉴在兹。

自洪武四年始，由宫廷工匠，历时10年，在马皇后家乡完成了徐王府和徐王墓的总体建筑。相传朱元璋曾携同马皇后来前旺村两次。

永乐七年（1409年），明成祖朱棣北巡，道经宿州。为了向世人昭示自己是马皇后嫡生，亲自到外公徐王陵墓祭祀。他还下令拓展墙垣，广增花木，陵区规模扩大，遂为宿州胜迹。永乐九年，重修徐王陵墓。永乐十五年，成祖再次来祭。崇祯四年（1631年）增修享殿。清末，寝陵、享殿等附属建筑多毁于兵燹。解放初期，武姓花园尚存，颇具规模，1966年毁，现存孤冢。但是武氏后人仍年年奉祀。

关于徐王墓的诗章曾有不少，大多因年代久远而散失，现录咏写徐王墓的诗三首。一是明代尚书李化龙《咏徐王墓》，诗云：

松杉十里卷秋涛，山势重围碧殿高。

霜露满庭深院闲，居人指点说先朝。

另一首是明代杨上奇的《陪谒徐王庙》，诗云：

闵子乡中询文老，徐王墓下驻旌旄。

庙前山势如鸾凤，万古堂山相对高。

再一首是清光绪年间宿州训导李心锐《咏徐园芳树》，诗云：

寝殿巍然在，园高树树芳。

恩波缘马后，汤木赠徐王。

竹影摇风翠，松花带雨香。

符离谁吊古，墓上几斜阳。

徐王墓，虽已飘逝往日旺盛的祭祀香火，但站在这块土地，追忆历史，不禁让人倍感历史的沧桑。

薛显墓前话英豪

在砀山县城西南许的薛口村，有一座古墓，这里埋葬着明代开国元勋薛显。据资料记载，薛显死后，明太祖朱元璋为表彰薛显一生的功德，卜诏厚葬薛显，把他的灵柩运回故乡砀山薛口村安葬。当时陵墓占地百余亩，房舍、祠堂俱全，墓地周围松柏森郁，墓前立有赑屃驮石碑，神道数百米，翁仲、石狮、石马等排列两边，神道进口处两旁立有一对蟠龙柱，上刻一副对联，文曰："永国公业绩伟略常留百世，大将军功德重威名永垂千秋"。可惜资料记载的陵墓已经无法看到，清代咸丰年间一场特大黄河决口把陵墓整体淤没。

薛显墓在民国十三年（1924年）重新修建过一次，重建后的薛显墓建有薛公祠，祠堂有正殿三间，东西廊房六间，正殿中间门上方悬挂"永国公祠"四个金字大匾。墓碑正面碑文曰："明故大将军永国公薛公讳显谥桓襄之墓"，落款为："中华民国十有三年岁在甲子孟夏之谷旦砀山邑人公立，铜山张伯英题"，碑后楷书记述了薛显的生平功绩。不幸的是，文革期间，除墓碑外，墓、祠、匾均遭到致命的毁坏。20世纪80年代，由县、省两级政府拨款、薛氏家庭捐资，将坟墓重新筑起整修。2000年10月，又对薛显墓进行了扩建维修。

伫立薛显墓前，不禁想起"英雄不问出身"这句话。英豪何必出身贵，王侯将相亦无种。英雄往往出身"微贱"，因经历大艰辛而成就大事业。陈涉生于"闾左"，刘邦寄身市井，诸葛亮"躬耕陇亩"，朱元璋更是个曾寄身寺庙的孤儿……他们起自陇亩，凭借一腔热血和抱负，驰骋天地，一生英名永铭史册。

元末明初是个风云际会的时代，群雄竞起，一时多少豪杰！宿州大地上，也是英杰竞出：巾帼女杰大脚马皇后、永国公薛显、颍国公傅友德、越国公胡大海、卫国公邓愈，他们像群星一样亮起宿州的骄傲！他们不甘命运，挑战命运，不息不倦一生拼搏，用生命、智慧、鲜血搏取了千秋功与名，也赢得了英豪的美誉。

据《明史》记载：薛显出身贫寒，青壮年时因不堪忍受元朝地方官吏的暴行，奋起反抗，在杀了人后被迫离家出走，参加了农民起义军。薛显自幼身体强健，又曾拜名师习过武术，加上打起仗来奋不顾身，很快就脱颖而出，从士卒到将军，成为起义军中的一员骁将。真正使薛显成就一世英名，是在他追随朱元璋之后，他征战的足迹南达南海，北至辽东，沙场历险数十年，大小战争上百次，为朱元璋夺天下立下汗马功劳。

薛显以连续作战、能打恶仗而著名。朱元璋命薛显跟随徐达攻取中原，临行前朱元璋晓谕众将，说薛显、傅友德勇略冠军，可挡一面。事实正如朱元璋所料，薛显一路风卷残云：他率军连克兖州、青州、济州、乐昌、棣州、乐安，又回师收取河南，直捣关、陕；他统兵强渡黄河，攻取卫辉、彰德、广平、临清，再率马、步、水三师下德州、战长芦；他一战打败元朝军队于河西务，再战大败元朝军队于通州，遂攻破元都；大同之战，他俘获元军乔右丞等34名高官；太原之战，元将豁鼻马俯首，元名将扩廓帖木儿败逃……

一次朱元璋派常遇春为帅，薛显、王铭、俞通源为副出兵太湖，攻击张士诚的悍将尹义。在水战中，尹义派精通水性的兵士凿穿常遇春部队的船底，士卒当即被淹死数千人，造成军心大乱。常遇春一时不知所措，薛显急中生智，向常遇春献计说："令军士赶紧收捞已坏船只，打掉船帮，只留船底，以铁链相连，令士兵各执火铳、火箭，待敌船挨近时，以火攻之，也让敌人的船失去优势。"常遇春采纳了薛显的建议，连夜连接破船，成为一个整体，同时准备火器，至四更时，薛显命令士兵向敌人水师营靠近，在拂晓，薛显的军队顺风放火，一时火光烛天。敌军梦中惊醒，盔甲也来不及穿，只好纷纷跳水逃命。薛显乘胜杀进敌寨，生擒敌人副将石清，这一仗，"显率舟师奋进，烧敌船，敌大溃"。（《明史》）

还有一次是湖州战役。常遇春领兵驻守姑嫂桥，截击张士诚的增援部队。张士诚命令五太子率大将吕珍等领兵6万来攻，这个五太子也是个善战之帅，手下悍将多员，可谓王牌之师。两军对阵时，五太子的部队生龙活虎，气势逼人。两军交战，常遇春抵挡不住，眼看要败，危机之时，薛显率军乘船赶到，顺风放火，把五太子的战船、兵丁烧得焦头烂额，败阵而去。战后，常遇春感叹不已，说："今日薛将军之功，遇春弗如也。"

另有一次在跟元朝军队打仗时，元将张良臣于庆阳诈降，薛显前往受降，夜间，张良臣突然袭击薛显军营，薛显临危不降，苦战溃围而出。张良臣遂占据庆阳。薛显在徐达的援助下，围困庆阳，成功拦击元朝援军，张良臣粮绝，大败脱逃。薛显乘机扩大战果，陕西全境因此平定。

所谓兔死狗烹，鸟尽弓藏。朱元璋在得天下后，对劳苦功高的众将领是心存芥蒂的，尤其是对薛显这样能征惯战之人，不愿意给予过大权力。明洪武三年（1370年）冬，朱元璋大封功臣时，翻出旧账，指责薛显曾擅杀胥史、兽医、火者、马军及千户吴富，将功抵过，封永城侯，不予世券，谪居海南，分薛显奉实禄为三，一份用于赡养所杀吴富及马军之家，一份用于赡养其母妻，令功过无相掩。对于这样说不出是荣还是辱的封赏，薛显欣然领受了，他也许知道，自己是因战而荣，没有战事的日子，他确实属于多余，能到偏远的地方自保，也就不错了。

薛显居海南逾年，边陲漠北有战事，朱元璋召还薛显，给予世券，食禄一千五百石，复封大将军，远征漠北。奉命后的薛显毫无怨言，兢兢业业，巡视河南，屯田北平，练兵山西，随从魏国公巡守北方边境，从宋国公出金山……洪武二十年（1387年）冬召还，召还途中，至山海卫病死。薛显死后，由永城侯进封为永国公，谥桓襄。

同薛显一样，邓愈也是在饥荒与暴政下走上建功立业的道路。

邓愈是泗县龙宿里（今属泗县大路口乡）人，今泗县城南十八里的龙宿沟北岸有一座松柏环绕的古墓，即为邓愈父亲邓顺兴之墓。邓愈的生平，在《明史·邓愈传》中有详细记载。《邓愈传》里称赞他"为人简重慎密，不惮危若，将军严，善扶降附"。

邓愈原名友德，字伯颜。生于元顺帝至元三年（1337年），家庭以务农为主，经济拮据，只读了几年书便辍学在家务农，至正年间，泗县一带连年饥荒，加上官府残暴，农民无法生活，纷纷揭竿而起，邓愈随父亲邓顺兴参加了农民起义军，1353年，父亲邓顺兴在一次遭遇战中不幸身亡。年仅16岁的邓愈接过父亲的军职，统兵打仗。他每次作战，总是身先士卒，军中甚服其勇，被誉为"少年邓将军"。

当时，朱元璋在滁阳招兵，邓愈经同乡胡大海介绍，率军从盱眙投到朱元璋麾下，朱元璋见他少年英武，顿生喜爱之心，封他为行军总管，并赐名愈。邓愈跟随朱元璋过长江，打江山，累立战功，先后被提升为广兴翼元帅、江南行省参政、征戍大将军等，成为独挡一面的少年大将。邓愈严明的军纪和爱民精神，为人民所称道。他的部下骚扰百姓，地方官潘枢向其反映此事，邓愈一面向潘枢赔礼道歉，一面下令立斩扰民者。他的一个亲兵偷了百姓的东西，被邓愈鞭死军前。

邓愈有两次作战，最值得称颂。一次是邓愈领兵镇守抚州，北汉陈友谅率40万大军攻打抚州，把城池围了个水泄不通，昼夜攻城。战役进行了三个月之久，邓愈领兵坚守孤城，始终衣不解甲，城被攻破30多丈，邓愈一边打仗一边筑城。结果40万大军没有攻下这座孤城，后来朱元璋援军赶到，陈友谅以失败告终。朱元璋论功行赏，提升邓愈为江西行省右丞，这一年，邓愈年仅28岁。

另一次是在洪武四年（1371年），邓愈任征虏左副将军，协同徐达西征，他带领主力部队势如破竹，从河南向西一直打到甘肃的河西走廊，陕、甘、宁各省均被明军收复，尤其是与元军王保保一战，斩首2000余，俘获王公以下百余人，士兵8万余。朱元璋非常高兴，连封邓愈为荣禄大夫、右柱国、卫国公，参与国家大事的决策。

由于吐蕃地区、川藏地区的反明地方武装经常劫掠外国来朝贡使，梗塞道路，洪武十年，明太祖命邓愈远征西南少数民族地区，攻克了四十八洞，追歼西南地方反明武装至昆仑山，远征大获全胜。可惜，在班师途中，一代将星邓愈突然患病，殒落于寿春，时年41岁。朱元璋闻此噩讯，痛哭失声，下令辍朝三日以示哀悼，追封邓愈为宁河王。他的灵柩运抵三山门时，明太祖亲往祭奠，之后亲自为他选择墓地，进行国葬。

宿州还有一位明代开国功臣，叫傅友德。傅友德祖上为宿州（今安徽宿县南）人，后徙居砀山（今安徽砀山东）。傅友德少年时就以骁勇著称，元末参加农民起义，先从刘福通部，后归明玉珍，再从陈友谅，均无所成就。元至正二十一年（1361年），朱元璋攻江州（今江西九江），傅友德率众降。朱元璋奇其才，让他带兵跟随常遇春攻取庐州（今安徽合肥）。在鄱阳湖之战中，他以轻舟挫陈友谅前锋，复带伤与诸将迎击陈军于泾江口。获胜后进军武昌，率数百兵勇夺高冠山（蛇山），以克武昌功授雄武卫指挥使。继而转战江淮之地，战功卓著，拜江淮行省参知政事。洪武三年（1370年），从徐达攻定西，大破扩廓帖木儿军，又移兵伐蜀，取汉中。是年冬，论功授荣禄大夫、柱国、同知大都府事，封为颍川侯。次年，充征虏前将军，统军十万，与汤和分道伐蜀，从阶州、文县入川，拔汉州（今四川广汉），下成都，蜀平。四年与冯胜征西凉，获全胜。十四年充征南将军，入云南，出奇制胜，灭元梁王军主力，梁王自杀，余部归降，云南平。十七年，晋封颍国公。此后数征西北，斩获甚众。又练兵山、陕，屯田大同，立十六卫，以功加太子太师。傅友德每战必先士卒，所至多立功，明太祖朱元璋屡敕奖劳。洪武二十六年（1393年）以请怀远田千亩，触怒朱元璋，召还，次年赐死。

著名评书艺人单田芳在评书《明英烈》里塑造了一个有意思的人物：他像程咬金一样，天不怕地不怕，敢于和皇帝老子对放，但又粗中有细，往往别人办不到的事情，他能办到。这个人就是胡大海。

胡大海是泗州虹（今安徽泗县）人，回族，以炸卖油条为生。1354年，朱元璋屯兵安徽滁县时，胡大海前来拜见，朱元璋一见胡大海身材魁梧，相貌威严、憨厚，说话也十分投机，非常爱慕，于是留于军中。

胡大海对明朝的建立主要有两方面的功劳。一是军功，胡大海跟随朱元璋渡江后，与诸将连破宁国、徽州、建德、严州、绍兴等地，以功授右翼统军元帅，进为枢密院判官、金枢院院事，曾经大破元骁将杨完的10万军兵的进攻；二是荐贤之功，胡大海自己虽然目不识丁，却很能折节下士，尊重人才，除邓愈外，明朝的名臣刘基、宋濂、叶琛等人也为胡大海所发现和推荐。

胡大海以"道德之士"为人所称道，统军时，经常以三事自勉，一是不妄杀，二是不掠妇女，三是不焚毁庐舍。令人叹惋的是，他重信义，待人诚恳，这一品德竟为降将蒋英等人所乘，最终死于非命。胡大海死后，三军哀恸，朱元璋亲自作文祭奠，追赠光禄大夫，越国公。

光阴荏苒，元末明初那个令宿州人骄傲的时代已经过去了数百年，站在薛显墓前，仍然能感受到这块热土激荡的脉搏，心中会油然升起身为宿州人的自豪与骄傲，会升起"千秋功名脚下起"的豪迈：宿州已经有了她灿烂的昨天，她势必还会有辉煌的明天。

革命旧址

永不殒落的将星

——彭雪枫纪念馆遐思

在宿州古城的东北隅，有一处松柏掩映、庄严肃穆的地方。这里，就是以新四军四师师长彭雪枫同志的英名冠名的雪枫公园。公园的前部，是将军英姿飒爽、高风亮节的戎装全身塑像；公园的中部，是一座高耸入云的纪念碑，陈毅元帅手书的"革命先烈永垂不朽"八个金色大字，熠熠生辉，镶嵌在纪念碑的正面；公园的后部，是一处具有徽派建筑特色的院落，正门的门楣上有一块匾额，上书张爱萍将军题写的"彭雪枫纪念馆"六个酣畅淋漓、龙飞凤舞的大字。

登堂入室，在轩敞明亮的展览大厅内，我们可以看到介绍彭雪枫将军生平事迹的大量图片。这里，已经成为宿州市的一处爱国主义思想教育基地。人们从四面八方赶到这里，寻觅将军留在这片土地上的光辉足迹，重温新四军四师健儿们为了民族的命运与日寇展开殊死博斗的烽火岁月……有多少白发苍苍的新四军老战士，肃立在将军的半身塑像前，一边呼唤着将军的英名，一边泪如泉涌……

如果把革命历史的演进比喻为滚动的车轮，那么，在宿州这一片古老的土地上，曾经留下了一道深深的辙印。与这道辙印同步延伸的，有不少无产阶级革命家的足迹。"七七"事变爆发后的第二年，即1938年5月19日，有着战略意义的重镇徐州沦陷，位于徐州东南方向的皖东北地区，所有的县城和重要城镇，几乎都被日寇和汉奸维持会所占领。所谓"皖东北地区"，指的是徐州至蚌埠的津浦铁路以东，淮河以北，运河以西的广大地区。在大革命和土地革命时期，我们的党组织就曾经在这里领导人民群众进行过英勇的革命斗争，有着很好的群众基础。"四一二"大屠杀之后，皖东北地区的党组织遭受了严重的破坏，共产党人和革命志士遭到国民党反动派的残酷镇压，但是，革命的火种并没有熄灭，当外敌入侵之后，这里的党组织立即响应党中央的号召，在皖东北燃起了铺天盖地的抗日烽火，创建了皖东北抗日根据地。

就是在这样的背景下，老一代的无产阶级革命家刘少奇、陈毅同志，为了抗日救亡的革命事业，都曾在这片土地上镌刻下深深的足迹。张爱萍、张震、刘玉柱等一大批英勇善战的将军，都曾在这里的烽火硝烟中转战南北、浴血奋战，建立了不朽的功勋。在那一段将星闪烁、熠熠生辉的革命岁月里，最耀眼的一颗，当数彭雪枫将军了。

这是一位叱咤风云的将军！

这是一颗永不陨落的将星！

彭雪枫的威名，曾经让国民党反动派和日本强盗闻风丧胆，而在广大的淮北人民心中，他却是胜利和希望的化身！当日本侵略者的铁蹄疯狂践踏淮北大地、人民陷于水深火热的危机关头，是他——彭雪枫将军，按照党中央的指示精神，率领着新四军四师的健儿们，出生入死，重创强敌，在皖东北地区建立起抗日根据地。将军虽然已经血洒疆场60多个春秋，可是，一提到他的英名，不论是满头霜雪的新四军四师的老战士，还是经历过那一段峥嵘岁月的古稀老人，无不泪如雨下，扼腕叹息……

将军生于乱世灾年。1907年9月，彭雪枫出生在河南省镇平县七里庄一个贫苦的农民家庭。少年时期，他便显露出坚强不屈的性格。由于家境贫寒，经慧眼识人的叔父彭禹廷多方奔走，才使得15岁的彭雪枫得以进入设在北平的西北军军官子弟学校读书。在这里，他如鱼得水，不仅学习文化、军事知识，更重要的是接受了新思想，大大地开阔了视野和胸襟。时隔不久，因为不是直系亲属，他被迫退学，转到汇文中学半工半读，并做起了青年团的工作。这真是因祸得福，在汇文中学，他结识了一批倡导新思想的革命先驱，19岁便加入了中国共产党。这位年轻的共产党员，在党组织的行列里，立刻展示出自己的才华和能量。他领导青年运动，领导学生运动，还参加了南苑暴动。他的革命活动，引起了国民党警宪机关的注意，一次又一次地被列入黑名单，特务们开始光顾他的住处，并对他进行跟踪和追捕。

革命的低潮时期到来，大革命失败了。彭雪枫根据党的指示，从事秘密工作。在军阀和豪绅的驱逐下，他单枪匹马地来往于北平、天津和烟台之间，满怀信心地开展工作。有一次，他奉命到丹徒改造一支土匪队伍，差点被害于匪穴之中。残酷的环境，艰苦的斗争，磨炼了他的钢铁意志，锻炼了他的英雄胆识，他迅速地成长起来。

1930年7月，在党的委派下，他担任中国工农红军三军团大队政委。在攻占长沙城的战斗中，他身先士卒，指挥若定，英勇负伤。部队攻入长沙之后，胜利地清除了市区潜伏的敌人。战斗胜利结束，上级清楚地看到了他的英勇善战和过人的指挥才能。这一年，他才23岁。在后来开辟和巩固中央苏区的斗争中，彭雪枫从一个支队长迅速成长为一位纵队司令员，并荣获一级红星勋章。在长征中，这位年轻的红军将领，得到了中央军委的赞扬。

1936年11月，党中央、毛主席决定将正在红军大学学习的彭雪枫派往山西太原任八路军驻晋办事处处长，在周恩来副主席和北方局的直接领导之下开展工作。他充分发挥了自己的智慧和才干，争取、团结在华北的原西北军将领共同抗日，扩大抗日民族统一战线，与山西军阀阎锡山进行巧妙的周旋和斗争，为八路军开赴前线抗日的物资保障工作作出了重要的贡献。同时，他还创建了学兵队，在短短的时间内，为抗日前线输送了500多名干部。

1938年2月，驻晋办事处撤销。彭雪枫率领一部分同志以新四军八团队留守处的名义，开赴河南竹沟镇。当时，这里是河南省委驻地，彭雪枫同志兼任省委军事部长和留守处主任。他利用叔父的社会关系，积极开展抗日民族统一战线工作，广泛发动群众，扩大抗日武装。这一年的9月，他担任新四军游击支队司令员兼政委，率领300多名游击健儿，与吴芝圃同志率领的部队合并，挺进豫东抗日前线。部队在窦楼首战告捷，重创敌骑，打响对敌作战的第一枪。他们继续挥师东进，开辟新区，终于创建了豫皖苏边区抗日根据地。他基于形势的发展和斗争的需要，亲手创建了骑兵团、拂晓剧团和《拂晓报》，亦文亦武，在两条战线上发挥了十分重要的战斗作用，被大家誉为彭雪枫同志的"三件宝"。在那些极为艰难困苦的峥嵘岁月里，《拂晓报》始终像熊熊燃烧的火炬，照亮了淮北军民的心。一张用劣质纸张油印出来的小报，宣扬着革命的真理，传递着胜利的捷报，鼓舞着士气，凝聚着民心。在坚持洪泽湖中33天反扫荡的日子里，一条木船，载着报社的全部机器和工作人员，出没于芦苇荡中，坚持按期出报。正是在这种恶劣的环境中印刷的报纸，曾经在国际博览会上获得了崇高的赞誉。这一张有着光荣传统的报纸，是彭雪枫将军心血的凝聚。将军不仅亲自为报纸题写报名，还经常利用战斗的间隙，于戎马倥偬之中为报纸撰写了大量社论。有时候，地方上的开明士绅会把洪泽湖的螃蟹作为礼物送给将军，而将军却舍不得吃，全部送到报社，为工作人员改善生活……《拂晓报》是将军用碧血染红的一片枫叶，并把它留给了我们。直至今日，中共宿州市委机关报，仍然沿用着《拂晓报》的名字。正是这三件法宝，在军事上重创敌人的同时，有力地制造了革命的舆论，鼓舞了淮北军民的士气，最终取得了抗日斗争的胜利。

皖南事变之后，彭雪枫同志任新四军四师师长兼政委。面对国民党反动派的疯狂进攻，他带领的四师全体将士，纵横驰骋，东征西杀，取得了大大小小数十次战斗的胜利，在战略上完成了防御西来之敌和阻止东进苏北或北上山东之敌的重要任务。在战略转移的过程中，四师进入了苏皖根据地。在陈毅同志的领导下，他参加指挥了陈道口战役，直接指挥粉碎了日伪对根据地33天的进攻。敌人的这一次扫荡，从1942年的11月开始，近7000名敌兵，在飞机、大炮的掩护下，向淮北根据地凶狠地扑来。彭雪枫同志沉着应战，历尽艰辛，终于取得了反扫荡的最后胜利，击毙、击伤敌人六七百人，俘敌300余人，缴获武器300余支。

1943年3月，山子头自卫战打响，将军亲临前线指挥。这一仗，活捉了苏鲁战区副司令长官、国民党江苏省主席韩德勤，击毙了反共的顽固分子王光夏。这一年的8月间，彭雪枫同志在泗县以南的大柳巷参加会议。连日暴雨，淮水猛涨，千里长堤，岌岌可危。将军率领群众抬土筑堤，奋勇抢险，他跳进激流，用身体堵住缺口，保障了群众生命财产的安全。人民感戴他的爱民之心，把这一段淮河大堤命名为"雪枫堤"。

1944年，抗日战争到了最后关头。日寇已经感到了末日的来临，以十倍的疯狂向抗日根据地发动进攻。不断强大的我军力量，在战斗中有了进一步的发展。在大规模的春季攻势中，我军拔除了一批日伪据点，除歼灭一部分日军外，还歼灭伪军5000余人，为进军路西、收复失地开辟了道路。8月，为挽救中原危局，收复豫皖苏边区，新四军四师在大王庄举行了西征誓师大会。会后，彭雪枫师长亲率大军，英勇西进。部队从宿县的桃山、曹村之间越过津浦铁路之后，在萧县以南的小朱庄打了西征的第一仗，消灭了顽军王传授部1000余人，匪首王传授在激烈的战斗中夺路逃命，但最终还是死在四师战士的刀下。

首战告捷，大获全胜，部队势如破竹，一路西进，于9月10日展开了攻打河南夏邑县八里庄的战斗。战斗由将军亲自部署，决定9旅25团担任主攻，32团打援，骑兵团作预备队。八里庄是土、伪、顽三位一体的李光明的盘踞地。当晚10时，部队开始行动。战斗进展十分顺利，在轻重火力的掩护下，战士们越过又宽又深的壕沟，突进八里庄内。大部分敌人在睡意朦胧中当了俘虏，李光明的司令部和他的两个大队的兵力被压迫得龟缩进了西南小寨，但仍困兽犹斗，负隅顽抗。

11日的拂晓到来了。朝阳从大平原的地平线上升起，漫天彩霞，如同欢庆胜利的漫天礼花，迎接着即将凯旋的勇士。彭雪枫师长按照他一贯的作风，将指挥所移到了更加接近前沿阵地的八里庄天主教堂里。高度紧张的战斗指挥，已经使得将军十分疲惫，他知道战斗已近尾声，便倒在地上，和衣而眠。刚刚睡下，却又被警卫员叫醒，说是敌人开始突围。将军一听，立即拔出左轮手枪，同参谋长张震同志一起来到八里庄南边的寨墙上。他看清了敌人突围的方向，立即命令25团追击，同时，又命令骑兵团对溃逃的敌人进行截击。

彭雪枫师长站在高高的寨墙上，聚精会神地观察他心爱的骑兵团追杀敌人的战斗场面，全然不顾自己的安危。警卫员把他从高处拉下来，让他到一处较低洼的土坑中指挥战斗。将军手持望远镜，完全沉浸在胜利的喜悦之中了。

枪声逐渐平息，烟尘悠悠散去，战斗已近尾声。在将军的望远镜中，一批一批的俘虏在战士们的押解下像浊流一样朝师指挥所涌了过来。就在这时，突然传来一声罪恶的冷枪声。将军如同一棵参天红枫，轰然倒下。张震参谋长急忙跑了过去，将他抱在怀中，将军只是轻轻地哼了一声，看了张震同志最后一眼，目光渐渐暗淡了……

一颗璀璨的将星，就这样在拂晓时分过早地陨落在他刚刚收复的祖国大地上……

将军牺牲之后，中共中央为悼念彭雪枫同志而撰写的挽联，发表在延安的《解放日报》上：为民族，为群众，二十年奋斗，出生入死，功垂祖国；打日本，打汉奸，千百万同胞，自由平等，泽被长淮。毛泽东主席、朱德总司令和刘少奇同志都为彭雪枫同志写了挽词。陈毅同志在《哭彭雪枫同志》的诗篇中写道："我党匡天下，得君亦俊才，壮哉身殉国，遗爱万人怀。"1945年2月，党中央在延安、淮北军民在大王庄同时隆重举行追悼大会。拂晓剧团的同志们满怀一腔深情、两眼热泪，用心灵唱出了张爱萍同志写的挽歌。挽歌不仅高度概括了雪枫同志光辉的战斗历程，也表达了淮北军民继承将军遗愿、誓将革命进行到底的决心：

二十年来，为了人民，为了党，
你留下的功绩辉煌。
首战长沙城，八角亭光荣负伤，
乐安事变，荣获红星章。
雪山草地，百炼成钢。
在豫东，燃烧抗日烽火，
在淮北，粉碎敌寇扫荡。
对党坚贞，为民赴汤，
英勇善战，机智顽强，
是我们的榜样。
雪枫同志，你把最后一滴血，

彭雪枫塑像

献给了人民，献给了党，
多年同患难，长别在战场，
我们一定为你报仇，完成你的事业，
争取全中国的解放！
……

　　将军牺牲半个多世纪的今天，怀念他的人们，经常络绎不绝地来到宿州市雪枫公园将军的汉白玉雕像前，仰望将军高大伟岸的身躯。在蓝天白云的烘托下，雕像愈加显得高风亮节、英姿勃勃。他左手自然地背在身后，右手的拇指轻轻地扣在腰间的皮带上，双眼深沉地凝视远方，昂然屹立在他刚刚收复的土地上……这分明是将军在牺牲之前，站在八里片寨墙上，观看将士们将停甫押下战场时的形象再现！将军没有走，他仍然和我们在一起！

将军，是一颗永照苍穹的将星！

江上青纪念馆

"血沃中原肥劲草，寒凝大地发春华"。

宿州，是一片革命先烈用自己的碧血染红的土地，有多少正值锦绣年华的共产党人和爱国志士，为了中华民族的解放事业，血洒疆场，为国捐躯！他们用炽烈的忠魂，汇聚成一条光辉灿烂的历史星河，与天地共存，与日月同辉。江上青同志，就是其中一颗耀眼的恒星。

1911年的烟花三月，是古城扬州最美丽的季节。伴着和煦的春风，江上青出生在江都县一位饱读诗书、擅长丹青的名医家中。后来，举家迁至扬州东关。少年时期的江上青，在学校里成绩优秀，思想活跃，而且富有正义感。他先是在扬州读书，后来又到南通、上海求学，并在上海加入了共产主义青年团。1929年，他进入上海艺术大学文学系，并加入了中国共产党。后来，他又转到暨南大学社会学系学习。由于他积极地在工人和学生中间开展宣传和组织活动，先后两次被国民党反动派关进监狱。在苏州监狱和上海提篮桥西牢，他受尽了敌人的酷刑折磨，但是，这位年轻的共产党员，革命意志无比坚定，仍然在狱中组织同志们坚持同敌人进行不屈不挠的斗争。两次入狱，都是因为没有足够的证据，再加上党的积极营救而被释放。第一次入狱，他才刚满17岁。

由于党的工作的需要，江上青离开上海，辗转来到了仪征、扬州和淮阴等地，以一位中学教师的公开身份，在青年学生中传播革命思想。同时，他还创办了《写作与阅读》月刊，利用这个阵地，一方面将自己的文学知识传授给学生，一方面宣传团结抗日的道理，大大地激发了广大青年学生的革命热情和爱国思想。他像一颗闪亮的火花，点燃了青年人心中的革命烈火，引导他们走上了革命斗争的烽火历程。

1937年，芦沟桥的炮声，宣告了中国人民全面抗战的开始。为了拯救危难之中的祖国，江上青同志更加积极地发动青年学生投入如火如荼的抗日救亡运动中去。上海沦陷之后，他在扬州组织了一支抗日宣传队，向广大人民群众进行抗日宣传，然后，又溯江而上，一路西行，一边艰苦跋涉，一边宣传抗战。他们利用戏剧和各种各样的文艺形式，沿着大江点燃起一处又一处抗日的烽火，直达武汉三镇。1938年的春夏之交，他终于在武汉与党的组织取得了联系，恢复了组织关系。回到了母亲温馨的怀抱，江上青同志更加积极地从事革命活动，不久，他就根据党的指示，考入了国民党第十一集团军总司令部，并来到在安徽太和县举办的学生军团受了三个月的训练，并于结业后留在团里担任第二期的教官。时隔不久，他又受中共安徽省工委的秘密派遣，随安徽省第六行政区督察专员兼泗县县长盛子瑾来到皖东北，任专署文化科科长。由于他学识渊博，办事干练，深得盛子瑾的器重和信任，被委任为秘书。与此同时，他还秘密地担任了皖东北特支书记。为了发展和壮大革命力量，他利用这一有利的条件，努力推动盛子瑾开办了皖东北军政干部学校，他本人除担任副校长之外，还积极推荐地下党员多人在学校任职，共同开展抗日民族统一战线工作，发展党的组织，掌握武装力量。在他和同志们的努力之下，中共皖东北特支的成员，都成了第六行政区专员公署和区保安司令部的骨干，他和战友们利用这一合法的阵地，为皖东北抗日根据地的创立和发展培训了大批的骨干力量。他还支持盛子瑾创办了《皖东北日报》和皖东北文化服务社，并经常为报社撰写社论，大力宣传党的抗日民族统一战线政策。报社还经常收抄延安广播电台播发的消息，并翻印了毛主席的《论持久战》，这对宣传、指导抗日斗争，扩大党的影响，起了十分重要的作用。

江上青同志是一位心地善良、满怀爱心的共产党人。在那样艰苦的斗争环境中，他只领取80元月薪中的30元，剩下的50元，全部捐作慰问伤员的经费。就连他所领取的这30元，除留下6元伙食费、4元零用钱外，其余的20元也留作争取青少年参加抗日救亡工作的活动经费了⋯⋯

经过江上青和战友们的多方努力，盛子瑾终于接受了与我党合作抗日的建议。1939年春天，在江上青同志的说服下，他同意派遣朱伯庸（中共地下党员）到鲁南与八路军建立联系。中共山东分局根据党中央的指示，派杨纯为特派员，由朱伯庸陪同来到了皖东北泗县的管镇，在江上青同志的帮助下，组建了皖东北特委，江上青同志为特委委员。同时，江上青同志还说服盛子瑾派出吕振球为代表，前往津浦铁路西新四军游击支队驻地，与彭雪枫司令员取得联系。7月初，作为新四军的代表，张爱萍、刘玉柱同志与八路军苏鲁豫支队进入皖东北，由江上青同志协助他们与盛子瑾会谈，顺利达成合作抗日的协议。通过一番艰辛的努力，皖东北国共合作、团结抗日的局面终于形成了。

来之不易的抗日民族统一战线形成之后，我军抓紧时机，发动群众，扩大武装，打击敌伪势力和土匪恶霸，人民得以扬眉吐气。而泗县、灵璧等地的反动豪绅却异常恐惧，纷纷向国民党安徽省政府控告盛子瑾为共产党所收买。省政府当即采取措施，将灵璧县长许志远调任为第六行政区专员。泗县北部一带的地主也纷纷投靠许志远。许志远指使所属雷杰三部进犯盛子瑾部，双方剑拔弩张，严重地影响了皖东北团结抗日的大局。7月下旬，张爱萍、刘玉柱同志出于团结抗日的诚意，邀请盛、许二人到灵璧北部的张大路我军驻地会谈，以便从中进行调解。盛子瑾在江上青等同志的陪同下，应邀前往。经过一番艰苦的会谈、调解，双方表面上达成了和解。7月29日，江上青同志陪同盛子瑾返回驻地，途径泗县刘圩东小湾村时，突然遭到柏逸荪、王仲涛、王广沛等600余名地主武装的袭击，江上青同志不幸英勇牺牲。同时遇难的还有共产党员朱伯庸、民主人士蒋茂林。

一位年仅28岁的共产党人，用自己的瑰丽年华和宝贵的生命，在辽阔的淮北大地上，谱写了一首激越昂扬的忠魂曲……

从一位才华横溢的文学青年，到一位坚强、忠贞的无产阶级革命战士，江上青同志像一颗划破暗夜长天的明星，生命虽然短暂，但是却闪射出无比璀璨的光芒。他牺牲之后，皖东北的许多地方都举行了隆重的追悼大会，以寄托深沉的哀思。抗敌演剧六队的同志们为烈士唱起了一曲饱含血泪的赞歌，献给江上青同志的英魂："你是生花妙笔的江淹，你是朗朗照人的玉山，你是铁的股肱，打开了皖东北的今天……"

在纪念抗日战争胜利50周年的时候，宿州人民没有忘记血染淮北平原的江上青同志。1995年8月，泗县县城东郊的烈士陵园内，一尊江上青同志的半身铜像在绿茵茵的芳草地上树立起来。烈士依然戴着人们熟悉的那副眼镜，睿智的目光依然闪射着光辉，深情地注视着前来参加铜像揭幕仪式的3000多位党、政、军、民代表。他的眉宇间，依然透露着一股勃勃的英气，让人们十分自然地忆起了那一段血火交织的峥嵘岁月……揭幕仪式结束之后，人们走进江上青同志纪念馆，沉浸在烽火连天、硝烟弥漫的氛围之中，伴随着烈士的身影，沿着烈士的足迹，重新经历了一次生命的洗礼……人们清楚地听到：半个世纪之前曾经响彻宿州大地的那一首激越昂扬的忠魂曲，正化作新时期的进军号角。铿锵的节奏，雄浑的曲风，正是那一首忠魂曲的延续……

淮海战役总前委会议旧址——蔡洼

这里，又是一个历史的制高点！

这里，是两种中国之命运展开搏击的战场！

这里，也是淮海战役最后阶段决战决胜的指挥中心！

其实，这个仅有300户人家的村落，是千里淮北平原上无数村落中极为普通的一个，正是人们常说的那种"不显山不露水"的村庄。那么，她又是如何被一下推向历史的波峰、并镌刻进煌煌史册的呢？

让我们共同去回溯那一段可歌可泣的日子吧！

1948年12月的某一天，时任华东野战军副参谋长的张震同志带着一批工作人员来到了这个距离萧县县城15公里的村庄——蔡洼。他肩负着一项极其重要的任务——为华东野战军物色一处新的指挥部。地点很快就确定下来：指挥部定在蔡洼村的杨家台子。蔡洼村因为这一带地势低淌血得名。杨家台子就是村中一位杨姓的开明地主为了建房而筑起的一处高台。张震为什么看中了这个地方呢？也许，他是看中了附近一片芦苇丛生的水面。战争时期，什么情况都可能会突然发生。万一出现紧急情况，便于指挥部隐蔽和撤退。再一个原因，可能是考虑到这个村庄的群众基础较好。房东杨某，虽然是这一方的地主，但却开明，思想上倾向于革命，他把自己的子女，送到了我们的革命队伍中来，有的还担任了较高的职务。张震同志早在抗日战争时期就知道这个地方，他知道这是一个革命家庭。

于是，在张震来到这个村庄后的第二天，华东野战军代司令员粟裕将军便率领华野的指挥机关进驻蔡洼，在杨家的一排堂屋内安顿下来。

其时，震惊世界的淮海战役已经进入第三阶段。在此前的11月6日，战幕拉开，战役的第一阶段开始。双方激战了17个昼夜，在徐州以东的碾庄地区，我华野部队围歼了国民党军黄伯韬兵团的正规军18个整师和3个非正规师，总计17万8千多人，兵团司令官黄伯韬在激战中死于非命。11月22日，淮海战役第一阶段胜利结束。紧接着，从11月23日至12月15日，淮海战役第二阶段又宣告胜利结束。中原野战军在华东野战军的积极配合下，将国民党军黄维兵团的12万人马包围在以双堆集为中心的狭长地带。经过21天的浴血奋战，我军终于取得了最后的胜利，兵团司令官黄维被我军生俘。

淮海战役的第三阶段，是与第二阶段的尾声交织在一起的。时间是从12月16日开始，到1949年的1月10日宣告结束。这一阶段的作战目标，是要歼灭由徐州"剿总"副总司令杜聿明率领的30万国民党军队。当敌军窜出徐州，逃到安徽萧县和河南永城交界的青龙集、陈官庄一带时，立即被粟裕将军率领的华东野战军团团包围。经过26天的激战，最后以我军的彻底胜利而告终。杜聿明与他的难兄难弟黄维一样，也被我军生俘。至此，伟大的淮海战役全部胜利结束。

淮海战役历时66天，共歼灭国民党军55万人。经过这一战役，南线国民党军队的精锐主力已被消灭，长江中下游以北的广大地区获得解放，并与华北解放区连成一片。战役结束之后，解放大军挥师南下，一直压到长江北岸，国民党政府的首都南京，暴露在解放大军面前。渡江战役已为时不远，蒋家王朝统治中国的历史即将结束，中华民族的历史又将翻开崭新的一页……

在淮海战役第三阶段结束、也是战役全部结束的那一天——1949年1月10日，在战场上清查杜聿明、邱清泉和李弥等人的时候，出现了一些戏剧性的情节。先是找到了邱清泉的下落。这个希特勒的疯狂崇拜者、坚决与人民为敌的第二兵团司令官，背着一支美造冲锋枪只身逃走。在逃到陈官庄西北、萧县县城西南的张庙堂附近时，被我军九纵勇士们击毙。李弥，国民党军第十二兵团司令官，也是独自从战场上逃走。潜出包围圈后，在砀山县的一个农村隐藏了数日，后又潜徐州，经济南、青岛，最后乘海轮逃往浙江的奉化……而杜聿明呢？当时，在打扫战场的时候，却迟迟没有发现他的踪迹。对于华野的将士们来说，心里总觉得不够圆满。于是，他们更加细致地展开了搜查。终于，四纵打来电话向指挥部报告，说是杜聿明被十一师卫生队俘获。原来，10日清晨，陈官庄和刘集的战斗还在进行，十几个手持武器的蒋军士兵，慌慌张张地跑向刘集以南的张老庄，但没敢进去，隐伏在村外一片乱坟地里。后来，村民段庆香和侄了早起拾粪来到村外，一位蒋军士兵便向他们打听庄上有没有驻扎队伍。段庆香如实告诉他们："周围几十里，住的都是解放军！"这些人一听，顿时惊慌起来，又缩回乱坟地里去了。段庆香觉得这一群人有些奇怪，立刻警惕起来，连忙赶回村里向四纵十一师卫生队的同志作了报告。卫生队的通讯员范正国、崔喜云同志一听，立刻带着仅有的一支枪，勇敢地冲出村子，赶到了现场，将这14名蒋军残兵全部俘获，并将他们押送到师政治部。

师政治部陈茂辉主任一眼就看出了其中的一人与众不同，他估计可能是一名蒋军高级将领。问他的职务和姓名，回答是十三兵团的军需，名叫高文明。陈主任要他把十三兵团所属八大处的处长姓名写出来，他却磨磨蹭蹭地从衣袋里摸出一支派克金笔，却连一个人的名字也写不出来。在

他掏笔的时候，陈主任细心地看到了他的腕上戴着一块高级游泳表，这与他穿的一身不合体的士兵服装很不相称。陈主任对他的身份已经有了更进一步的猜测，又向他问道："你到底是什么人？还是赶快说出来的好！你隐瞒不了的。黄维、吴绍周不是都查出来了吗？"这个俘虏忙问："黄维现在在哪里？"陈主任回答他："你们不久就会见面！"

"高文明"被看押在一处打麦场边的磨房里。吃过饭后，他掏出一个精巧的打火机，抽了一支烟。他乘哨兵不备，拾起一块砖头，敲破了头皮，把血涂抹了一脸，躺在了地上。在卫生员为他包扎时，政治部主任拿出敌工部送来的杜聿明的一张照片，与他比较。他除了比照片上的杜聿明少了一撇小胡子之外，完全一样。当晚，从被俘的徐州"剿总"司令部的副官口供中证实：这个"高文明"正是国民党徐州"剿总"司令部中将副总司令杜聿明。经过再一次的严厉审问，"高文明"终于低下头来："你们都知道了，还问什么呢……"

淮海战役终于画上了一个圆满的句号。

战役还没有结束的时候，杜聿明无论如何也不会想到：在他的司令

淮海战役总前委蔡洼合影
（从左至右：粟裕、邓小平、刘伯承、陈毅、谭震林）

部陈官庄以东仅仅15公里的蔡洼村，就是华东野战军代司令员粟裕将军的指挥部。从这里发出去的每一道指令，对于杜聿明来说都是致命的。就在这个默默无闻的村庄里，杨家台子上那一排堂屋的窗口上，夜夜灯火通明，粟裕将军在作战地图前观察、思考、决断，紧张地工作了20多个日日夜夜。

早在淮海战役第一阶段激烈进行的时候，由于南线的决战条件已经成熟，所以，中共中央于11月16日决定：由刘伯承、邓小平、陈毅、粟裕、谭震林五位同志组成统一指挥华东野战军和中原野战军的总前委，邓小平同志为书记，统一领导和指挥华野、中野两大野战军。由于战事的繁忙，总前委的五位成员一直是通过电报联络，尚未聚会过。当时，华野的粟裕、谭震林同志驻扎在萧县的蔡洼村，而中野的刘伯承、邓小平和陈毅同志则是驻扎在距蔡洼村百余里外的濉溪县小李庄。这时，总前委接到了中共中央和中央军委的指示，要他们五位成员举行一次会议，研究淮海战役结束后的工作。刘伯承、邓小平和陈毅三位首长考虑到粟裕和谭震林两位首长刚刚由宿县的孟圩子移驻萧县的蔡洼村，而且正在指挥全面包围杜聿明集团的战斗，不宜离开战场，所以，决定在蔡洼举行总前委的首次会议。

1948年12月16日晚，刘、邓、陈三位首长驱车百余里，到达蔡洼，住进了杨家台子粟裕将军的住所。长时间没有团聚过的战友，相见之时，倍感亲切。刘伯承司令员十分关心我军包括杜聿明集团的战役形势，他走到作战地图前，察看过作战的态势后，高兴地说："好！"首长们知道：全歼杜聿明集团，已是胜券在握了。

当晚，战友们在一起彻夜长谈。为了等待从前线赶来的谭震林同志，总前委会议第二天正式举行。

会议由总前委书记邓小平同志主持。会议总结了淮海战役第一、二阶段的经验，研究制定了部队休整和围歼杜聿明集团的作战方案，重点研究了淮海战役结束后部队的整编和渡江战役的作战计划。

在会议休息的时候，陈毅将军提议总前委的五位成员合影留念。就在杨家台子这个农家小院中，总前委的五位首长欢聚一起，留下了唯一的一张具有历史意义的照片。瞬间定格的历史，成了中国革命史册上一件极为珍贵的历史文物。

总前委会议结束之后，刘伯承、陈毅同志启程北上，到当时中共中央的驻地——河北省平山县西柏坡向中央政治局会议汇报总前委会议的意见：《关于今后作战准备和军队建设的意见》，从而形成了渡江战役方案和人民解放军整编建设方案。

华野遵照中共中央和总前委会议的精神，对杜聿明集团采取了"围而不攻"、断其外援、防其突围的策略，向敌军展开了强大的政治攻势，并同时进行战地休整。在此期间，先后在蔡洼发出《华野战字第十五号命令》和《华野战字第十六号命令》，并于1949年1月6日向杜聿明集团发起总攻，经过四个昼夜的浴血奋战，终于取得淮海战役的最后胜利。

1949年1月12日，华野胜利完成作战任务，离开了萧县蔡洼，麾师南下，汇入了百万雄师过大江的滚滚洪流。

在萧县蔡洼村召开的总前委会议，对夺取淮海战役和渡江战役的全面胜利，对解放全中国，都起到了极为重要的决策作用，在中国的革命史和军事史上，都具有重要的位置。因此，这次会议，是关系到党和国家前途、命运的历史性会议。

旧址的主体建筑，位于蔡洼民居中心的杨家台子，为清末古建筑群落。这里本是杨姓地主的住宅大院，其主体建筑原为东、中、西三组三进9个小院的建筑群落，共有房屋54间。现存的东组仍为三进院，中、西两组前院已毁，均为二进院，共有房屋48间，基本上保存了原来的格局。总前委会议用过的五间堂屋依然如故，当时使用过的桌、椅、马灯，粟裕将军用过的文件柜、条几和邓小平、粟裕用过的木床，都保存完好。其余房屋，皆有不同程度的改变。

2004年，安徽省人民政府公布蔡洼为省级重点文物保护单位。省文物局已推荐蔡洼总前委会议旧址申报第六批全国重点文物保护单位。

2005年，国家发改委将此处列为"红色旅游"景点。

随着岁月的流逝，淮海战役的硝烟已飘散殆尽，战争的创伤，早已不复存在。漫步在巍峨的徐州淮海战役烈士纪念塔下，望着那一排又一排的烈士名录，人们会深深地感悟到：英勇牺牲的革命烈士，为了新中国的建立，用自己宝贵的生命，化作了共和国的基石。在萧县蔡洼村那个农家小院中，有一处让人们铭刻在心、肃然起敬的地方——粟裕将军骨灰撒放处。将军生前留下了遗嘱，他要永远在这里陪伴曾经同他并肩战斗并长眠地下的千千万万个战友的英灵……而那一张总前委成员的合影，也已经由平面的影像变成了立体的雕塑，屹立在徐州淮海战役纪念馆区的园林之中，生动地再现了总前委五位首长的风采。我们似乎又听到了陈毅同志那感染力极强的爽朗笑声；邓小平同志那浓重的巴蜀乡音，依然在我们耳畔回荡：我是中国人民的儿子，我深情地爱着我的祖国和人民……

蔡洼，你是一个神圣的历史制高点！总前委会议旧址中陈列的桌椅、木床、马灯、文件柜……正是淮海战役最生动的历史见证。今天，在这个柳色青青的春天里，它们正向我们娓娓地讲述着那个多雪的冬天……

盛圩烈士陵园

1985年，在宿州市芦岭镇东数里之遥的盛圩村，一座高高的丰碑，在蓝天之下耸立起来。纪念碑的正面，镌刻着中共中央军委副主席张震将军手书的九个金色大字：盛圩战斗烈士纪念碑。

将军与纪念碑所坐落的这一片黄土有着千丝万缕、割舍不断的血肉深情。

这里也是一处在革命战争年代里军民鱼水情的见证！

将军和盛圩村年迈的几位乡亲还清清楚楚地记得60年前那个惨烈的凌晨。1941年，正是中华民族与日本强盗浴血奋战的艰苦岁月。那时候，由新四军四师师长彭雪枫将军率领的四师健儿，正在淮北平原上同凶戊的魔鬼进行着殊死的搏斗。11月18日，时任新四军四师参谋长的张震将军，在宿灵县沱河南岸一个叫小秦庄的村子里召开了一次重要的会议。宿东地委书记谢邦治，地委委员、四师联络科科长李时庄，地委委员、宿灵县县委委员姚克，县委副书记张有奇，还有部队干部沈联城、周启邦、姚运良，地方干部陈凤阳、余小仙，以及被邀请来参加会议的王峙宇、董畏民等十多位同志参加了那天晚上的会议。会上，主要议题是由张震同志传达中共中央和淮北区党委指示。他首先分析了当时的敌我双方战斗实力的具体情况，指出了我方在反击日、伪、顽敌对势力上的有利条件，极大地鼓舞了大家的胜利信心。接着，张震同志又讲道：为了赢得抗日战争的全面胜利，我们要更广泛地团结人民群众，团结一切可以团结的力量；他最后还谈到在地方上要动员广大群众，开展减租减息和大生产运动，加快抗日战争最后胜利的到来。会议开得群情振奋，十分热烈，取得圆满的成功。由于会议内容比较丰富，从白天一直进行到深夜，才告结束。

会后，张震同志考虑到大家的安全问题，他率领四师的干部和地方上的干部，决定在盛圩村宿营。他们从小秦庄出发，于19日凌晨时分赶到盛圩村，并在村西头的一处四合院前敲开了盛维藩、孔秀英家的院门。

这是一对善良而淳朴的农民，年仅23岁的孔秀英，是一位新婚不久的媳妇，丈夫盛维藩是一位勤劳而又本份的庄稼人。他们夫妇二人把张震将军带领的同志们迎进院中之后，又忙着为大家点灯，并把三间西屋打扫得干干净净。夫妻二人考虑到天气寒冷，决不能让同志们受冻，在没有灯火照亮的情况下，从打麦场上抱回了很多麦草，为大家打了一个既喧腾又暖和的地铺，安置大家舒舒服服地睡下。其实，夫妻二人并不知道这些人的姓名，他们只知道这些人是自己的队伍。两个人对其中一位穿灰军装的"大高个儿"印象深刻，估计是一位"大官儿"，可是，他们却不知道"大高个儿"就是赫赫有名的新四军四师参谋长张震将军。

这一夜，终于平安地过去了。

天刚放亮，夫妻二人便早早地醒了。他们要为同志们准备早饭。孔秀英悄悄地走出村外，她要到村外的打麦场上去抱柴火。刚到村口，她忽然警觉起来，因为透过浓浓的晨雾，好像有汽车沉闷的轰隆声传了过来。孔秀英冷静地作出判断：我们的部队没有汽车，只有鬼子和顽伪军才有这种交通工具。"不好！"孔秀英脑中闪过一个念头："鬼子来了！"

孔秀英飞快地转身就跑，一口气跑回家中，进了门就大声呼喊："鬼子的汽车来了，快起来！快，快！……"这时，同志们还都在熟睡之中，只有一个人在灯下写着什么材料。孔秀英的一声呼喊，使得所有的同志都猛然惊醒。紧接着，一声尖厉的枪声也从村外的哨位上响起，向大家发出了紧急的警报。同志们翻身爬起，抓起武器。此刻，张震将军已经镇定自若地站在院中。他在和几位领导同志冷静地交谈之后，立刻果断地下达命令：全体同志，立即分散突围！警卫连连长石守良同志带领同志们负责阻击敌人，掩护大家突围！

有灵性的战马此刻已停止吃草，正抖鬃扬蹄，"咴咴"嘶鸣。它们似乎也感觉到：一场恶战已近在眼前了。张震将军率领同志们冲出大门，拉出战马，由孔秀英带领着跑到一条通往村外的窄巷中。孔秀英对同志们说："冲出去以后，前面不远的地方就是窦庄，再往前就是北沱河。冬天河里水浅，过了河就安全了！"

天色越来越亮，张震将军向孔秀英挥手作别。他说："嫂子，要不是你及时报信，我们可就全没命了！嫂子，我们不会忘记你，以后会再见面的！"

将军告别孔秀英，飞身上马，率领大家像一阵旋风吹过，立即消失在浓浓的晨雾中……

从花庄日伪军据点开来的11辆汽车，刚刚在盛圩村外停下，日伪军便纷纷跳下车来，向村里冲去。敌我双方展开了激战。虽然敌人与我军人数悬殊很大，但是，警卫连的勇士们却以一当十，沉着应战。小小的村落里，到处是爆炸的火光和滚滚的硝烟，枪声震耳，杀声连天。由于勇士们的阻击，赢得宝贵的时间，张震将军率领同志们终于突出重围，安全脱险。而担任阻击任务的警卫连的勇士们，包括连长石守良同志在内的18名英雄，以及13名地方上的干部，却长眠在被英雄们的鲜血染红了的土地上……

敌人的11辆汽车缩回据点之后，盛圩村的乡亲们含着眼泪，就地掩埋了18位烈士的遗体。警卫连长石守良的牺牲，使得乡亲们无法确定另外17位战士的姓名，这是让乡亲们深感遗憾的事情。在中国革命烽火连天的历程中，像这样连姓名也没有留下的先烈，何止万千！像这样的无名烈士坟墓，又何止盛圩村一处！烈士们像一阵清风走过，但他们的英魂却长留天地之间，不仅深深地镌刻在盛圩村乡亲们的心中，更深深地镌刻在老将军张震同志的心里。他无法忘怀在炮火硝烟中倒在战场上的战友，无法忘怀那个坐落在淮北平原腹地的盛圩村，更难以忘怀那位新婚不久的房东大嫂。老将军决定到皖东北抗日根据地的战场上走一走、看一看。

1981年7月，张震将军终于了却了自己的这一心愿。

银发满头的老将军一到宿州，就像回到了久别的故乡，倍感亲切。顾不上路途的劳顿，他就在当地党、政负责同志郑英保、郝长顺、王大勤的陪同下，急切地赶到了盛圩村。和老将军一起到来的，除了随行人员，还有他的儿子。他要让儿子也看一看这片曾经与他血肉相连、生死攸关的热土，结识一下可敬的老区亲人们……

乡亲们见到这位依然英姿勃勃的新四军指挥员时，无不感慨万千。经过四十个春秋的漫长岁月，老将军虽然身居要职，却仍然没有忘记这里的乡亲，这种深情，尤其让大家激动不已。张震同志在当年戎马倥偬的情况下，并不知道那位救他和战友们脱险的大嫂叫什么名子。幸亏几位年长的乡亲对40年前那惊心动魄的一幕记忆犹新，他们很快就为将军找到他的房东孔秀英和盛维藩夫妇。真是岁月无情催人老啊！当年那位年仅23岁的新媳妇，如今已是年逾花甲、儿孙满堂的奶奶了。老将军激动地握着孔秀英的手，深情地说："要不是您救了我，张震哪能活到今天！"

将军与乡亲们围坐在一起，亲切地向大家嘘寒问暖，详细地了解这里的变化，了解生活的情况，了解生产的发展……将军和乡亲们同时沉浸在军民鱼水深情之中，一股温馨的暖流，在将军和乡亲们的心中回荡……

在地方干部和孔秀英、盛维藩的陪同下，老将军步履缓缓地来到了盛圩村外18位烈士的墓地。

墓草青青，野花遍地。最东边的一座坟茔，是石守良连长的墓冢，17位战士的坟茔，由此向西依次排开。老将军动情地细心察看着烈士们的墓地，他注意到这里的地势比较低洼，七八月间，正值雨季，烈士们的坟墓全都泡在了积水之中。将军的眼睛湿润了，他肃立墓前凭吊过烈士的英灵之后，对身边的地方干部和乡亲们说："我们今天过上了幸福的日子，可是，烈士们还在蹲'水牢'啊！不能再这样下去了，要为他们修建一处革命烈士陵园，让人们永远记住这些为了民族利益而献身的无名英雄，也要让我们的子孙后代都来纪念他们、瞻仰他们。"

在将军离开盛圩村返回北京的第二年，也就是1982年，遵照张震将军的指示，芦岭镇委、镇政府怀着对烈士们的一腔深情，从各个方面筹集了10万元专款，修建起一座烈士陵园。初建时的陵园规模不大，到了1985年，对陵园进行了一次扩建，总占地面积达到28亩，大约有18600平方米。陵园之内，种植了松柏和各样花草。在松柏的簇拥下，一座高高的烈士纪念碑也耸立起来。张震将军欣然命笔，为纪念碑正面手书了九个金色大字。在纪念碑的背面，镌刻着"抗日勇士盛圩殉难纪实"的碑文，详细地记述了那一场惨烈战斗的始末。纪念碑的后面，就是18位烈士的墓地和石刻墓碑了。松柏森森，护卫着18位烈士的忠魂在这里安息。在陵园的东门处，建有四间平房，既是接待室，也是盛维藩和孔秀英夫妇二人的住处。对于为革命事业立过功劳的人，人民和政府是不会忘记他们的。由于这两位老夫妇对人民子弟兵的一往情深，芦岭镇委作出决定，特意安排他们两人守护烈士陵园，让他们陪伴着18位抗日英雄的忠魂，安度晚年。

1999年5月15日，盛圩村的乡亲们又一次迎来了张震将军。这一次，与老将军同行的是他的夫人和子女。

当宿州市埇桥桥区的主要领导同志陪同张震将军来到烈士陵园时，将军欣喜地发现，经过十几年来的修建、扩建和精心管理，盛圩烈士陵园已经具有了相当的规模。曾经令老将军伤感的墓地积水问题，已经圆满解决。乡亲们沿着陵园四周开挖一条小河，用挖出的泥土加高了墓地的地面。将军还了解到：这里，已经被确定为爱国主义教育基地。为了方便广大的人民群众来这里瞻仰和凭吊烈士的英灵，在陵园的门外，新修了一条宽阔的马路。陵园之内，松柏森森，松风阵阵，日日夜夜在为烈士们吟唱着深情的颂歌。

张震将军和他的夫人、子女在陵园内缓缓而行，心中倍感欣慰。在五月的阳光下，他们肃穆地站在烈士墓前，眼中闪耀着深情的泪花，向英雄们深深地鞠躬，以表达对先烈们的怀念与敬意。将军还向陪同他们的地方领导同志表示诚挚的谢意，因为他们的辛勤工作，才使得烈士们的英灵得以告慰。

老将军在与大家话别的时候，向烈士陵园捐赠了4000元，以表达他和他的家人们的一片心意。芦岭镇政府和盛圩的乡亲们深受感动，在松柏掩映的烈士纪念碑前，立起了一块石碑，碑文是：公元一九九九年五月十五日，原国家军委副主席张震同志携夫人及子女亲临盛圩烈士陵园，拜谒烈士陵墓，并捐款4000元整。刻碑铭记，以谢其意。

绿野上，那一座巍峨的丰碑！她不仅记录着18位革命先烈的英雄壮举，也凝结着一段感人肺腑的军民鱼水深情……

图

版

布币

战国
长3.5、宽2厘米

布币仿照青铜农具镈的形状铸成，出现于西周时期，原始布为空首布，大量
铸造在春秋时期，至战国时期布币形制改变，首部扁平成一体。这一批布币
为平首布，方足。铸有记地钱文，主要有：安阳、平阳、葛氏、贝丘、垣、
梁邑等。

刻花骨篦

唐

长10.5、宽8厘米

骨质，齿细长而密，篦背圆弧，两面满刻花，饰盛开牡丹花纹。制作技艺精湛。

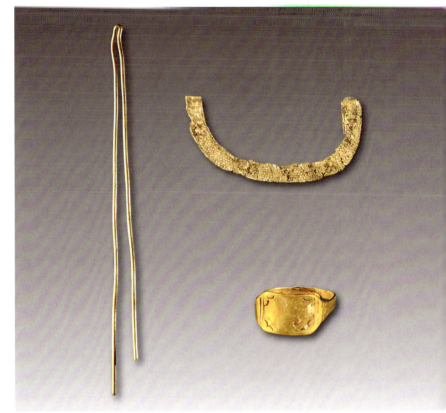

金钗

宋　长20厘米，重19克

金黄色，成色高，扁圆条状对折。一条略短。

金饰件

宋　长7.5厘米，重4克

金黄色，成色高。金箔上模压鳞片、花卉纹。加工精细。

金戒指

明　直径2厘米，重3克

戒面抹角长方形，侧面呈弧形，由戒面延伸两长扁条状叠压交错成戒环，两端圆弧。金黄色，成色高。戒面上刻划双栏、飞雁。

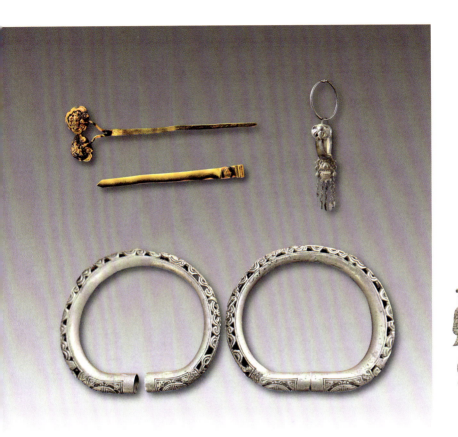

金簪（两件）

清

上：如意纹金簪　长9.5、最宽处5.8厘米，重18克

簪身扁平，底部尖。两朵如意花纹左右分开。采用模压、紧丝缠绕、焊接等工艺制作，背面锻"元吉"铭文。

下：团寿纹金簪　长8.8、最宽处0.8厘米，重21克

簪身扁平，上宽下尖。采用模压、锻打等工艺制作，锻有细密的卷叶纹花卉和团寿纹，背面锻"元吉"铭文。均为砀山县西关清代贵族墓出土。

银耳环

清　长7、（两环）直径4厘米

分三层：最上为扁条圆环；其下半环状系着兽面纹圆柱状环；最下方条状系着花篮状坠饰，卜垂五条细链条挂叶片。银灰色，有锈斑。

银手镯

清　外径9、内径8厘米

近圆形，不闭合，截面圆形中空。灰白色，镂空吉祥牡丹如意纹。做工巧妙精细，技艺精湛，是清代的银器精品。

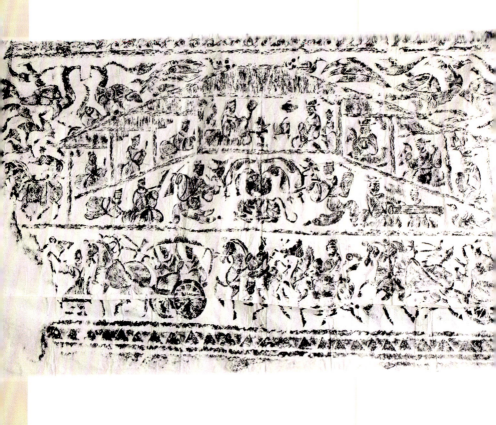

"车马出行、宴乐图" 拓片

汉

此图分上下两格：上格为宴乐图，四阿顶楼阁，楼阁上有凤凰、神鸟，主人
于高阁之上宴饮，左侧为持剌拜谒，右侧为观乐宾客，其下为鼓乐场面。中
间两人持桴木建鼓，左右两侧为吹竽和抚琴的奏乐表演；下格为车马出行，
两辆轺车，前有导引，中间有骑从。

"东王公、神人、神兽"拓片

汉

此图分三格：上格为神兽；中格东王公端坐于中，周围以各司神人，右侧刻
跪拜东王公；下格为辎车，前后有持戟、拥盾仪卫。

宿州文物

伏羲、女娲图

汉

高112、宽51厘米

伏羲、女娲是古代传说中人类的始祖，有"伏羲鳞身、女娲蛇躯"的说法。图中伏羲、女娲均为人首蛇身，是阴阳合和的象征，为常见的汉画像石刻题材。亦有呈盘曲交尾状。

二龙穿璧图

汉

长237、宽46厘米

图为二龙盘曲穿九璧，以示富贵吉祥。

青龙、白虎图

汉

长216、宽47厘米

左侧为白虎添翼，右侧为青龙振翅欲飞，中间为柿蒂乳丁纹，上下边栏为三角锯齿和波浪纹。

朱雀图

汉

高106、宽93厘米

图为朱雀，古代传说中的神鸟。此为剔地浅浮雕。

铺首衔环图

汉

高119、宽58厘米

此为墓门双扉，左扉为铺首衔环上朱雀，右扉为铺首衔环上羽人，其左右上侧边栏均有水波纹。

大禹图

汉

高112、宽41厘米

图为大禹，古史传说中治水的英雄领袖，其双手
持锸。

174

跪拜、乐舞图

汉

高131、宽67厘米

此图分三格。上格为跪拜图，主人安坐，右侧人跪拜请安；中格正中四阿脊上立一凤凰，两侧双阙，右阙立一仙人，意合"仙人引凤""凤凰不落无宝之地"之说，室内主人坐于几前，风度翩翩，欣赏乐舞；下格为乐舞，右侧之人操琴，左侧之人展袖起舞，反映了汉代的贵族生活。

门阙、厅堂、宴饮图

汉

长217、宽96厘米

此图构图较为特别。最外围是双圆拱形边环，有一周三角锯齿纹；其内正中四阿顶式厅堂，华柱、一斗三升，正脊上有朱雀、羽人，垂脊上有人面神鸟；厅内，主人端坐于几旁，两侧有仆从，持戟卫士立于两侧屋檐下；厅堂两侧为重檐双阙，阙外有力士。

177

鼓乐百戏图

汉

长218、宽47厘米

此图外围双栏，下侧为水波纹，其余为连弧纹。中部为鼓乐百戏图：中间二人持桴跃击建鼓；左侧为吹竽、笛、笙的奏乐表演；右侧为掷丸、倒立的杂耍百戏。

六博图

汉

长248、宽46厘米

此图横向分几个部分：中部为六博学艺场景，师傅坐于几上，学生则在几下，中间二人正在对弈，可见六博棋具，旁置耳杯、盘等；其两侧为柿蒂乳丁纹；最外两侧为神山上羽人向东王公、西王母进献。

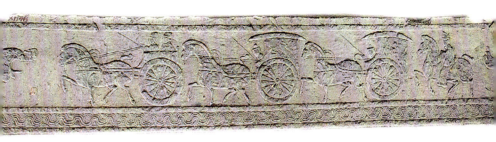

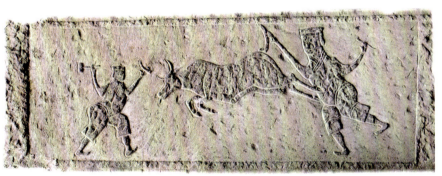

车马出行图

汉

长218、宽45厘米

图为车队出行。一驾前导车在先，两驾辎车紧随其后，骑士在后扈从。车队前有人迎宾，后有人恭送。

椎牛图

汉

长170、宽45厘米

反映二人椎牛的场景。公牛似乎觉察到危险，欲奋蹄狂奔；后面之人一手欲拽牛尾，另一手持匕；前面之人左手持大锤椎击公牛，右手持已断的牛角。

鹳鸟捕鱼图

汉

高121、宽53厘米

图为鹳鸟捕鱼，表现了大自然的生态气息。

铜鬲

春秋

高15.7、口径18、足高9厘米

敞口，扁圆唇，口缘较窄外折。束颈圆肩，鼓腹。袋足深及于底。青灰色，局部有锈斑，腹部饰一周窃曲纹。

铜鼎

春秋

高27.5、口径28.5、腹径25.4、足高12.5厘米

侈口方唇。浅弧腹、圆底，鼎体小于半球形。三兽蹄足较长。二对称斜立
耳。上腹部饰一周重环纹。

铜盉

春秋

高29.8、腹径16、流长13、足高9厘米

容器扁而圆。口圆形，上覆圆形盖，连弧状内收三层，兽首圆锥状捉，盖一侧有半环形系孔，以环钩与器肩部半环形系孔相连。流置于上腹部，作凤鸟首状。鋬自肩及腹，上饰兽首。四兽蹄足。器身满饰勾连云纹。

铜戈

春秋

前锋作弧形尖削；援的宽度几乎与胡相等；胡长，有三穿；长方内，后下角
有缺口。青绿色，局部锈损。内上饰窃曲纹，胡上饰勾连云纹、雷纹、斜线
纹。当为春秋晚期器。

铜矛

战国

此为宽体狭刃圆本式矛。叶两侧呈凹弧形面，然后形成狭长而匀称的刃，刃下端本的部位作圆弧形。骹体宽大，骹的下部正面有一兽面纹小系，骹口微呈弧形。青绿色，局部有锈斑。矛体隐见菱形纹。为战国早期器。

铜剑

战国
长45厘米

凸脊呈直线，腊长而从宽保持平行，至锋处尖削，厚格，圆茎有两道箍，剑
首残。青绿色，有锈斑，无纹。当为战国中期器。

铺首铜洗

战国
高15、口径32、腹径29、底径17厘米
圆形，敞口，尖圆唇，折沿，直腹微敛下内收，平底。上腹部有两对称铺
首，上饰凹凸弦纹。青灰色，有锈斑。灵璧县阴灵山出土。

铜钟壶

战国

高37.5、口径15、腹径26、底径22厘米

侈口，圆唇，短颈，溜肩，鼓腹下内收，圈足。两肩有铺首衔环，颈、腹部
饰圈带勾云纹和三角云雷纹。青灰色，有锈斑。

铜壶

汉

高28、口径11.7、腹径19、底径13厘米

侈口，内折平沿，束颈，溜肩，扁球腹，高圈足。两肩有铺首衔环。腹部饰八周凸弦纹。青灰色，有锈斑。

铜鐎盉

汉

高15、口径7.5、腹径17、足高5.5厘米

口圆形，敛口。上覆圆形盖，上有小桥形纽，以合页旋纽与器身相连。球腹，流作鸡首状，扁长方体状斩，三细蹄形足。青绿色，有锈斑。盖上饰凸弦纹、勾云纹。

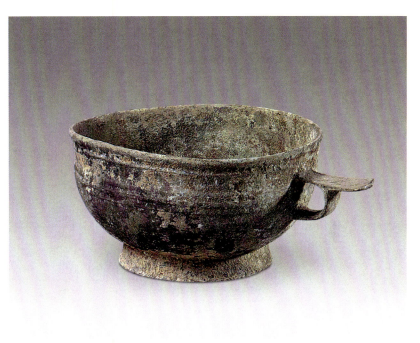

单耳铜杯

汉

高7.5、口径14厘米

敞口，圆唇微侈，弧腹，浅圈足，半环状单耳，上出平錾持手。青绿色，有
锈斑。腹部饰凸弦纹。

"见日之光，天下大明"铭文铜镜

汉

直径8、厚0.3厘米

桥形纽，镜面微弧，宽缘，镜背有两周凸起的圆圈、斜线段形成铭文圈带，铭文为"见日之光，天下大明"，篆书，间以菱形网格纹和云纹，内区为连弧纹。青绿色，局部有锈斑。灵璧县黄湾出土。

铺首衔环铜洗

东汉

高11、口径25、腹径24、底径15厘米

敞口，圆唇外侈，鼓腹，矮圈足。腹部有两对称铺首衔环，上腹部饰两周凸弦纹。青绿色，局部有蓝色锈斑。灵璧县韦集镇出土。

夔纹铜镜

东汉

直径9.5、厚0.3厘米

半球形纽,镜面微弧,三角缘向镜背侧凸起,镜背由凸起的圆圈分为五个纹饰带,由内向外为连珠纹、夔纹、斜线段纹、三角锯齿纹、椭圆间"三"字纹。青绿色,局部有锈斑。灵璧县黄湾出土。

云龙纹葵花形铜镜

唐

直径15.8、厚0.4厘米

纽扁圆，镜面平面，外缘为葵花形。镜背主体纹饰为腾龙，辅以四朵如意云头纹。黑色，局部有锈斑。

双龙鸳鸯菱花形铜镜

唐
直径14.5、厚0.7厘米
半球形纽，镜背较平，外缘为菱花形。有凸起圆圈一周，将镜背分为内外区，
内区饰双龙、鸳鸯纹，间以云纹，外区饰蝴蝶和云纹。灵璧县渔沟镇出土。

196

宝相花纹铜镜

唐

直径16.5、厚0.25厘米

纽扁圆，纽座为葵花形，镜面平面，外缘圆形。镜背饰六朵宝相花纹。黑色，品相较好。灵璧县浍沟镇出土。

轻裘缓带真儒雅
按节歌咏自风流

张祖翼书法联

清
长130、宽30厘米
上下两联。纸质，七言，隶书。

人物画

清

长109、宽45厘米

绢本，落行书"嵩山周璕
制"款。一长髯长者赤足
坐于山石之上，表情愉悦
恬静。工笔，设色，为清
代画工所绘。

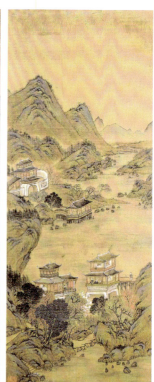

仿仇英山水人物轴（五幅纸本）

清

长84、宽33厘米

仇英，字实父，号十洲，江苏太仓人。擅长画人物、山水、花鸟、楼阁界画，尤长于临摹，功力精湛，画法主要师承赵伯驹和南宋"院体"，以工笔重彩为主，山水以青绿重色见胜，其山水和人物故事画具有文人画的笔致墨韵，被列为"吴门四家"之一。此为仿仇英山水人物轴，布局合理，景色平远，深得仇英笔意。

萧龙士画作

现代

萧龙士先生（1889～1990年），原名品一，字翰云，后更名龙士。立志要做
"龙城画派一士"，杰出的书画艺术家和美术教育家，一代大师，"龙城画
派"现代代表人物。博学多才，精诗、书、画、篆刻。在绘画上尊崇传统，
深得徐渭、石涛、赵之谦、吴昌硕之精髓，又经画坛泰斗齐白石先生指教，
外师造化，内得心源，自成一格。绘画常取材荷、兰、竹、梅、菊、松，将
荷的高洁耿直、兰的清雅幽香、竹的虚心劲节、梅的苦寒生香、菊的傲霜凌
寒、松的高柯常青的品格人格化。绘画有疏朗清正之气，着墨浓而不腻，厚
而不滞，淡而能苍，秀而愈神，气韵生动。刘海粟先生赞其达到"忘法法
生，含美美至"的艺术境界。2007年，萧县设立了萧龙士艺术陈列馆。此选
为其晚年佳作，四幅，分别为八哥唱春图、"清香拂面来"兰花图、"香远
益清"荷花图、幽兰山溪图。

书
画

宿
州
文
物

紫晶刀

新石器时代

长8.5、宽4.5、厚0.6厘米
呈不规则形，刃部薄，首部宽，
有肩、短柄。质地紫晶，坚硬呈
半透明状。加工痕迹见打击斑痕
和台面。萧县白土镇出土。

玉刀

新石器时代大汶口文化时期

长13.45、宽6.6、厚0.1～0.82厘米

刀体扁平，形横长，首宽柄窄，直背弧刃，刃锋利，有崩口痕。刀身中部镂空抹角长条形握孔，柄部靠背侧对
钻圆孔。首柄处各饰三道凹槽。通体抛光。萧县金寨遗址出土。

浅浮雕玉锥形器

新石器时代大汶口文化时期

长25.5、宽0.44～0.66、榫长0.9、孔径 0.2～0.22厘米

呈长方体尖锥角，上有短榫对钻一小孔。通体鸡骨白色，局部有灰褐色沁斑。锥体上部四面浅浮雕八组简化神面纹，间以八组细弦纹隔开，每组两周五道细弦纹。下部及锥尖部为素面。器形精致规整，通体抛光细致。反映了先民极高的工艺技术和艺术水准。萧县金寨遗址出土。

绿松石串饰

新石器时代大汶口文化时期

小长方形长2.2、宽1.2、厚0.2厘米，大长方形长4.6、宽
0.95~1.12、厚0.35厘米，梯形长4.78、宽1.1~1.4、厚
0.2~0.3厘米，椭圆形外径0.66、孔径0.18、厚0.1厘米

由24块大小各异的长方形、梯形、方形、椭圆形绿松石片组成，表面抛光，
局部有灰褐色沁斑。方形和椭圆形的在中心对钻圆孔，其余的于一端顶部中
间对钻圆孔，孔两面对钻有台痕。萧县金寨遗址出土。

玉璧

新石器时代大汶口文化时期

直径18.9、好径4.1～4.3、厚1～1.1厘米

圆形扁平，边侧平直。青白色，受沁严重，呈黄褐色。好对钻而成，有台痕。素面无纹，表面抛光。萧县金寨遗址出土。

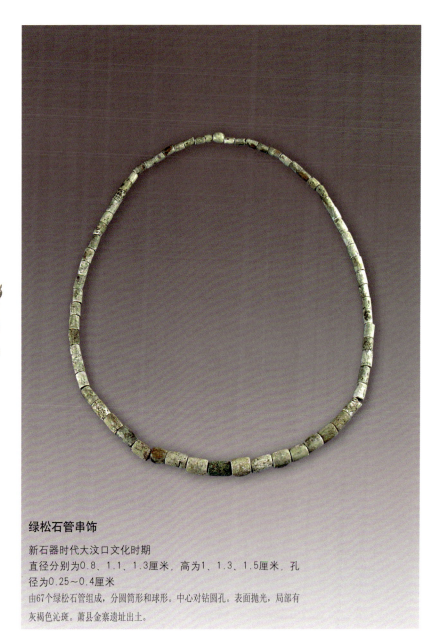

绿松石管串饰

新石器时代大汶口文化时期

直径分别为0.8、1.1、1.3厘米，高为1、1.3、1.5厘米，孔径为0.25~0.4厘米

由67个绿松石管组成，分圆筒形和球形。中心对钻圆孔。表面抛光，局部有灰褐色沁斑。萧县金寨遗址出土。

玉璜

新石器时代大汶口文化时期
长12.3、宽2、厚0.4厘米
桥形，扁平，上下平直，边侧弧形。玉色青白，有粉绿色斑纹，表面抛光。
两端对钻圆孔，孔径为0.4厘米。萧县金寨遗址出土。

玉钺

新石器时代大汶口文化时期
长11.4、刃宽10.1、顶宽7.6、孔径1.2~1.5厘米
梯形,扁薄,平顶,顶上部自然断裂,宽弧刃,刃部有崩裂口。灰白泛黄斑
纹,通体抛光。近顶对钻圆孔。萧县金寨遗址出土。

石斧

新石器时代大汶口文化时期

长12.5、刃宽5.7、顶宽3.8、孔径1.0～1.4厘米

近梯形，厚重，弧刃，微弧顶。青灰泛黄斑，石质坚硬，磨制光滑。近顶对
钻网孔。萧县金寨遗址出土。

玉璧

汉代

直径18、好径4.1、厚0.5厘米

圆形扁平，中有孔，器形规整。青玉，有青绿色斑纹，灰褐色沁。两面饰涡
纹，隐见蒲纹为地。内外缘分别饰阴刻廓线一周。通体抛光，润亮。灵璧县
高楼公社出土。

背面　　　　　　　　　　　　腹面

玉蝉

汉代

长6.2、宽3.1、厚0.1～0.97厘米

蝉形，扁平，中间厚，两侧薄，侧面圆缓。青白玉质，一侧白色沁。头部琢出眼、嘴，背面阴线刻出蝉羽翅，腹面阴线饰蝉体，尾部尖利。通体抛光，玻璃质感较强。萧县西虎山汉墓出土。

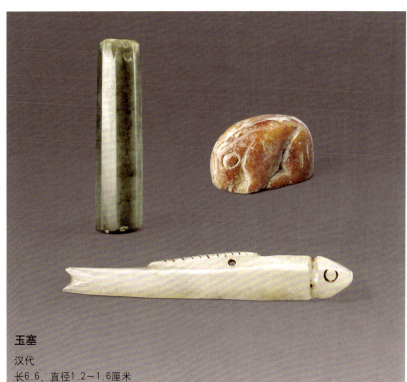

玉塞

汉代

长6.6、直径1.2～1.6厘米

八棱体，底大，顶小，上端有沟痕，下端有裂痕。玉色青灰，有灰褐色沁。素面，抛光细致。萧县西虎山汉墓出土。

兔形玉佩

唐代

长2.45、宽1.02、高1.25～1.35厘米

黄色，局部褐色沁。圆雕。兔作俯卧状，四肢扑地。单阴线琢出兔首，长耳后竖，尾巴下垂。底略内凹。宿州市农药厂宿舍唐元和七年墓出土。

鱼形玉佩

宋代

长9.18、宽1.5、厚0.25～0.26厘米

白色，局部粉白色沁。佩呈长条形，正面雕琢鱼身形象，背部鱼鳍对钻一系孔。背面素平。灵璧县高楼公社窖藏出土。

水晶鸡心形坠

宋代

高3.5、腹径2.4厘米

鸡心形，尖顶对钻系孔。水晶纯净，琢制精细，晶莹剔透。

蝉形玉饰

明代

长5.3、宽2.4、厚1.15厘米

青玉质，局部淡褐色沁。蝉体扁平，中厚边薄。头部雕双凸眼，嘴对钻而成。阴线刻出蝉羽翅等；腹面刻出蝉腹纹。头部有一系孔。灵璧县高楼公社窖藏出土。

玉簪

明代

长7.5、直径0.6～1.3厘米

白玉润亮，局部稍有黑瑕。器形呈圆锥体，顶部为半圆球形，饰浅浮雕盘卷螭兽；簪体正面饰浅浮雕盘龙纹，背面上部阴线刻"言念君子温其如玉"铭文，篆刻，两行。灵璧县高楼公社窖藏出土。

玉杯

明代

长径6.5、短径6.05、高3.6厘米

青色光润，局部褐色沁。杯体呈椭圆形，平口、直壁、弧腹、圈足。腹部饰夔龙纹带。两侧杯耳面部各阴线刻勾云纹、斜方格纹组成的花朵。灵璧县高楼公社窖藏出土。

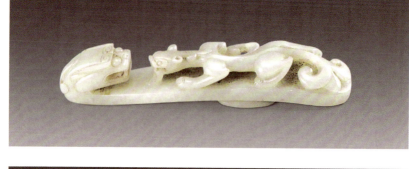

玉带钩

明代

长15.7、宽2.85、厚2 3厘米

玉色青白。龙形钩首，"S"形钩身，上雕一螭龙，与龙首相望。背面钩纽作长圆形。灵璧县高楼公社窖藏出土。

玉带钩

明代

长15.4、宽3.1、厚2.6厘米

玉色青白。龙形钩首，"S"形钩身，其上浅浮雕勾云纹、斜方格纹，中部饰宝相花纹，下饰兽面纹。背面钩纽作长圆形。灵璧县高楼公社窖藏出土。

双鹿玉山子

明代

长15.6、高7、厚3.9厘米

玉色青，局部褐色沁。圆雕两梅花鹿游栖山野间，山峦起伏，山峰耸立。左前方雌鹿卧姿，中后方雄鹿行于山上，口衔瑞草，左右各雕一朵灵芝。两鹿回首相望，温馨吉祥。灵璧县高楼公社窖藏出土。

桃形玉杯

明代

高4.8、长径7.8、厚0.2厘米

玉色青白，局部褐色沁。杯体呈半个桃形，中空，桃尖处阴刻一道弧线示桃瓣，杯口桃蒂部雕一桃叶为鋬，杯底为葵花形圈足。灵璧县高楼公社窖藏出土。

玉石器

玉执壶

明代

通高17.6、口径4.75、宽12.7、壁厚0.5厘米

玉色青白。器呈扁圆葫芦形，一侧为弯曲长流，雕为倒置的象鼻形，一侧为
执手，上饰龙首纹；壶身两面上中部各饰一篆体"寿"字，其左右各饰一
"卐"纹，下饰仙桃果树一株。长圆形圈足。壶口、壶盖边沿饰回纹，面饰
凹弦纹三道，顶平有孔，原安有提手，已失。灵璧县高楼公社窖藏出土。

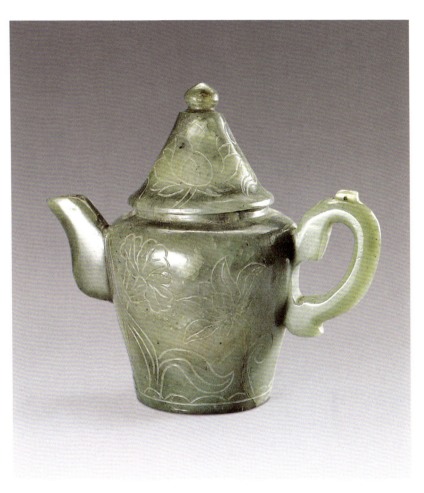

玉执壶

明代

通高15.5、口径6.75、底径6.85、最大腹径10.15厘米

玉青色，局部灰白色沁。器呈罐形，平沿，短直颈，圆肩，下腹内收，底内凹，扁状流，耳形捉手，上出扉棱，有一系孔。壶身阴线刻荷花、莲蓬图案。斗笠形盖，阴线刻荷叶、荷花图案，顶有圆球形捉手。灵璧县高楼公社窖藏出土。

221

玉觚

明代

高11、口径5.6、底径3.6厘米

青玉质。仿青铜觚形，喇叭口，腹鼓凸，足外撇。四角各饰扉棱，觚身阴线刻出兽面纹，以扉棱为界，对称分布。觚底另出一矮圈足，内中空。灵璧县高楼公社窖藏出土。

玉水盂

清代初期

口径3.9、腹径5.9、高3.1厘米

玉白色，润亮，局部褐色沁。水盂直口平沿，鼓腹，下腹内收，圈足。肩部高浮雕一龙，龙的头尾间雕一珠球，龙头前伸，作赶珠状。灵璧县高楼公社窖藏出土。

玛瑙捧桃仙女

清代
高15.65、宽5.15、厚3.8厘米
玛瑙淡紫色，亮泽，局部褐色沁。圆雕。仙女
站姿，高髻，圆脸，右手捧一仙桃于胸前，左
手举持一桃枝于肩上脑后，上有仙桃两个，左
右各一。身穿交领宽袖着地长袍，腰间系带垂
于腹下。底素平。灵璧县高楼公社窖藏出土。

玉璧

清代
直径5.81、孔径1.2、厚0.5～0.53厘米
玉色青白。器仿古玉璧形，体扁圆，中有孔，有内外边廓。一面饰勾云纹，
另一面饰蒲纹。灵璧县高楼公社窖藏出土。

玉石器

正面

背面

玉璧

清代

直径5.7、孔径0.8、厚0.85厘米

玉色青白。器仿古玉璧形，体扁圆，中有孔，一面高浮雕盘龙，龙首朝向中孔，口衔灵芝；一面饰勾云纹和乳丁纹组成的图案。灵璧县高楼公社窖藏出土。

玉观音

清代

高19、宽7.8、厚4厘米

玉色黄白。高浮雕。器作仰覆莲花底座，齿状边缘背光。观音长圆脸，神态安详。头戴披巾，身穿长袍，双手捧经书，结跏趺坐于莲花宝座上。背面无纹，弧平。灵璧县高楼公社窖藏出土。

狮形玉饰

清代

长11.5、高5.7厘米

青白玉，多褐色沁斑。圆雕。主体为一俯卧状太狮，回首顾望在尾后嬉戏的
少狮。少狮攀爬于太狮尾部，眼望太狮。似为母子关系。灵璧县高楼公社窖
藏出土。

正面

背面

虎头形玉佩

清代

高3.1、宽3、厚1.5厘米

青玉质，虎头面呈深黑色沁。器扁平，一面阴线刻虎头形，另一面刻宽平的虎背，上有三个圆坑。器上端有对钻孔。灵璧县高楼公社窖藏出土。

229

青釉兽面双耳瓿

汉

高30.5、口径11.6、腹径31.2、底径16厘米

敛口，扁唇，溜肩，鼓腹，平底微内凹。肩部双兽面纹耳，肩部至腹部饰三
道凸弦纹，分隔成三层，上两层刻划细线勾连纹。胎体灰褐，夹砂，厚重。
青釉，器内底部施釉，器外施釉至上腹部。灵璧县杨疃庙东王出土。

青釉双系侈口壶

汉

高28.7、口径13.6、腹径22.7、底径13.2厘米

侈口，高颈，斜溜肩，鼓腹，浅圈足底。胎体灰褐，较厚重。青釉，器内
口、底部施釉，器外施釉不及底，有流釉泪痕。肩部对称双系饰羽状叶脉
纹，颈根部饰细水波纹，颈部饰两道弦纹，肩部饰两道双弦纹，腹部饰七道
凸弦纹。灵璧县杨疃庙东王出土。

彩绘茧形陶壶

汉

通高19.5、通长18.9、.盖径9、口径8.9、颈高4.2、腹径10.5、圈足高2.4、直径9厘米

茧壳状，侈口，子母口，细颈，球腹，圈足，带圆形盖。灰陶，泥质。有朱砂彩绘，盖饰一周弦纹、云雷纹，颈部三周弦纹，茧身八道弦纹、三道云雷纹，足部两周弦纹。萧县西虎山汉墓出土。

232

陶鼎

汉

通高18、口径11、盖径11、高6、腹径12.5厘米

敞口，球腹，中有一凸棱，三蹄形足，两方耳上端外撇，带半球形盖。灰陶，泥质，有土沁。萧县西虎山汉墓出土。

陶魂瓶

汉

高23厘米，口径3.4、5.2、9.2厘米，腹径28.5、底径13.4厘米

一大侈口，束颈，其下肩部有两对对称小口，一对为侈口，另一对为筒形口，球腹，鼓腹中部出沿，平底微凹。灰陶，泥质，有土沁。器表面堆塑：大侈口沿上有三水鸟；鼓腹沿上有门廊，其两侧分列侍女、持勾镶卫士，周列推磨、春米、灶、圈。萧县破阁汉墓出土。

白釉璧形底碗

唐

高5、口径16.3、底径7.5厘米

敞口，斜弧腹，璧形底。釉色白中泛青，匀净，胎白色，质坚且细，瓷化程度高。造型典雅大方。宿州市西关步行街出土。

白釉唾壶

唐

盘形口，短束颈，扁球腹，平底。釉色白，匀净，胎白色，质坚且细，瓷化程度高。造型雍容华贵。宿州市西关步行街出土。

白釉四系瓜棱罐

唐

高15.2、口径8.5、底径8.4厘米

直口，鼓腹呈瓜棱形，两条形系，两卷云系。白釉泛黄，釉色匀。造型典雅端庄，质坚且细。宿州市西关步行街出土。

青釉璧形底碗

唐

高5.3、口径12.8、底径5.7厘米

敞口，圆唇微敛，斜弧腹，璧形底。胎体青灰细腻。青釉，器内外满釉，釉质莹润均匀。宿州市西关步行街出土。

酱釉平底罐

唐

高13.3、口径11.3、底径7.8厘米

敞口，口沿微侈，耸肩，鼓腹，上腹部微凸，中部束腰，下腹部微鼓，斜弧内收至底，平底微凹。胎体青灰，含砂粒。酱釉，有砂眼，器内口沿部施釉，器外施半釉，釉线不齐。器底有五个支烧痕。宿州市西关步行街出土。

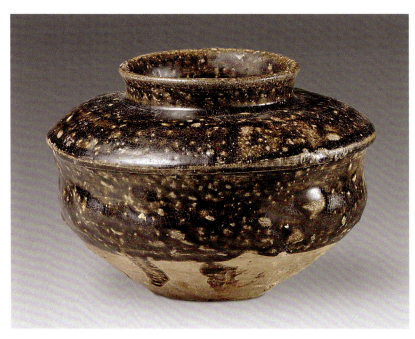

青釉刻花乳丁钵

唐

高7.5、口径10.3、腹径10.6、底径3.2厘米

敞口，唇外卷，斜肩，鼓腹，小平底内凹。胎体灰白，较细腻。青釉，器
内施满釉，器外唇部及乳丁施釉，其余素胎，釉质莹润均匀。肩部饰一圈
起伏状小乳丁，腹部至底满刻缠枝变体牡丹及弦纹，自然流畅。灵璧县城
郊出土。

青黄釉四系罐

唐

高9.3、口径7.3、腹径12、底径7.3厘米

口沿外撇，溜肩，鼓腹，平底。肩部对称置四系。胎体灰黄，较细腻。青黄
釉，有细小开片，器内施满釉，器外施釉不及底，釉薄，釉质莹润。灵璧县
城郊出土。

陶瓷器

黑釉枕

唐

高7厘米，枕面长14.7、宽10.2厘米

呈椭圆形，内侧低凹，素面，底弧面。胎体灰白，较细腻。黑釉，润亮，底
无釉。宿州市西关步行街出土。

黑釉瓷灯

唐

高5、盘径9.5、底径4.5厘米

平口，宽沿，斜直腹，短柄喇叭座。细灰胎，胎体厚。黑釉，润亮，喇叭座和器内无釉。造型端庄清秀。宿州市西关步行街出土。

黄釉绞胎皮枕

唐

高6.4厘米，枕面长12.4、宽8.4厘米，枕底长10.6、宽6.9厘米
枕面呈圆角等腰梯形，两腰微弧，枕底呈圆角等腰梯形，枕面略大于枕底，
整体近似斗状，枕体一侧有小圆孔，枕体中空。胎体灰，较细腻。黄釉，釉
质莹润透明，枕底无釉。除枕底外，贴绞胎皮，绞胎使用灰、褐两种胎土，
枕面绞胎拼成四个整花朵、四个半花朵，花朵五瓣，枕体绞胎成自然变幻线
条。宿州市西关步行街出土。

酱釉象座枕

唐

高7.5厘米，枕面长12.5、宽7厘米

面呈长圆形，两边上翘，枕座堆塑一立象，底呈长圆形平板。通体酱釉。象背饰乳丁。宿州市西关步行街出土。

陶
瓷
器

青釉席纹执壶

唐

高23、口径6.5、腹径9.8、底径8厘米

敞口，扁圆唇加厚微凸，口沿外撇，长颈，溜肩，长直腹，平底微外撇，底周微折。颈肩部对称竖装双系，双条形长提梁。肩部圆柱状短流，饰五周弦纹。上腹部饰席纹。胎体青灰，较细腻。青釉，器内满釉，器外施半釉至席纹处，釉质莹润均匀，玻璃质感强，局部脱釉。施釉处施化妆土。宿州市东二铺轮窑厂出土。

青黄釉褐彩双系罐

唐

高13.2、口径7.4、底径7.8厘米

广口，唇微外撇，直领，斜肩，直腹，平底，底心内凹，两条形系。胎体青
灰。青黄釉，器内口部施釉，器外施釉不及底，釉色匀，釉层薄。肩部至腹
部饰褐彩圈点纹，褐彩圈点组成两组对称的桃形纹，纹饰简朴古拙。宿州市
西关步行街出土。

陶
瓷
器

青釉褐彩贴花执壶

唐

高17.9、口径8.4、腹径13.6、底径11.8厘米

敞口，扁圆唇外卷，口沿微侈，短颈，溜肩，鼓腹，平底外撇。颈肩部对称竖装双系，长提梁残，肩部八棱状短流。胎体青灰，较细腻。青釉，器内颈下无釉，器外施釉不及底，釉质莹润均匀，玻璃质感强，有细小开片。双系、流下施桃形褐彩，贴花于双系及流下，纹饰为双凤、枝叶、十字蝴蝶结。宿州市东二铺轮窑厂出土。

青黄釉褐彩执壶

唐

高14、口径7.5、底径9厘米

喇叭口，短八棱流，双系，条纹曲柄，鼓腹，平底微内凹。青黄釉，器内满
施釉，器外施釉不及底，釉色匀，釉层薄。腹部绘三块椭圆形褐色釉下彩。
造型端庄典雅。宿州市西关步行街出土。

青釉鸮首形埙

唐

高4.2、孔径0.7~1厘米

形似鸮首，又似人首，首顶有一吹孔，其双眼为两孔，用于演奏。胎灰白。面部施青釉。造型生动有神韵。宿州市西关步行街出土。

三彩兔形座天鹅纹枕

唐

高6.9厘米，枕面长14.1、宽8.6厘米，枕底长10.6、宽6.6厘米

枕面近长方形，两头上翘，枕座为蹲伏兔子瓷塑，细腻生动，枕底近梯形，宽边抹角。枕面细线刻划方框四出，方框内刻花，主体纹饰为两只飞翔的天鹅，辅以枝叶。胎体灰黄，较细腻。三彩为黄、绿、褐彩，外罩透明釉，玻璃质感较强，枕底无釉。宿州市西关步行街出土。

莲花纹陶瓦当

唐

直径14、厚2.5厘米

圆形。宽缘无纹。中部微凹，为纹饰区，一凸起圆周将之分成内外区，内区浅浮雕莲花荷叶纹，外区为一周乳丁纹。灰陶，泥质，较细腻。宿州市西关步行街出土。

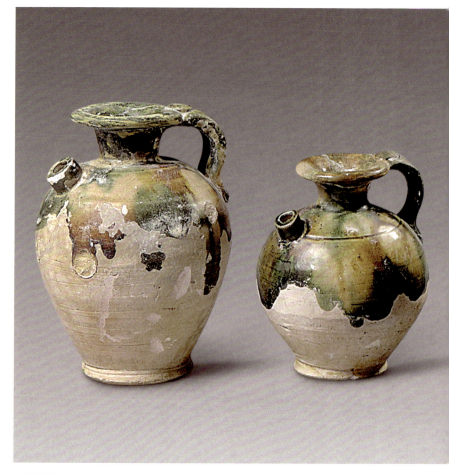

三彩执壶及三彩双系罐

唐

三彩执壶：

高10.5、口径4.7、底径4.5厘米

喇叭口，曲柄，管状短流，敛腹。胎色白中泛青，胎质细，烧制火候低。赭、绿、蓝三彩釉，半施釉，釉面呈玻璃质光。削足，平底内凹。

高8、口径3.7、底径3.7厘米

喇叭口，管状短流，曲柄鼓腹，小平底。半施釉，赭、绿、蓝三彩釉，釉面光泽度好。造型小巧，颇具神韵。

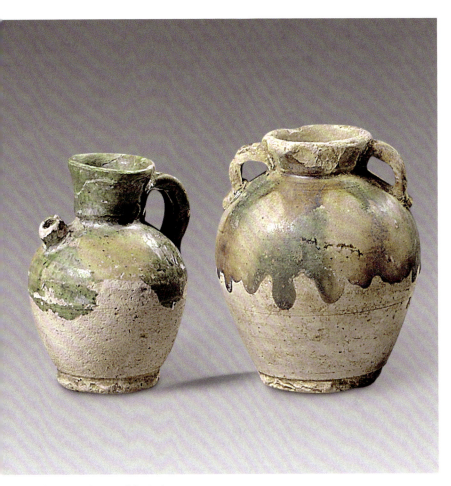

高8.2、口径3.5、底径4厘米

直口无沿，管状短流，曲柄，敛腹，平底。施单釉三彩，半施釉，釉面呈玻璃质光。造型小巧端庄。

三彩双系罐：

高9.9、口径4.2、底径4.5厘米

喇叭口，双条系，敛腹。胎色灰白，胎质细较疏松。赭、绿、蓝三彩釉，半施釉，釉面呈玻璃质光。

宿州市西关步行街出土。

青釉刻花粉盒

五代

高3.2、口径5厘米

圆形，盖盒成套，盒体子母口，器底和盖顶弧面。青釉，釉质莹润均匀，器内外满釉。盖顶刻变体荷叶纹。

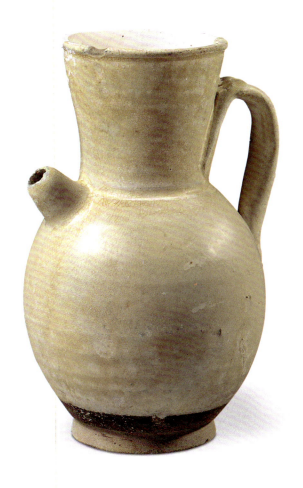

白釉执壶

五代

高17、口径7.5、底径6.5厘米

喇叭口，长颈，溜肩，鼓腹，圈足底，短流，扁条柄。胎质细而坚致。白釉施至近底部，底露青白胎，釉面莹润，玻璃质光泽。造型古朴秀丽。宿州市西关步行街出土。

三彩盘

辽

高3.6、口径13.2、底径5.9厘米

敞口，扁圆唇，折沿，弧腹，浅圈足。胎体灰白，较细腻。黄、绿两种彩，
口沿有釉，釉线不齐，流釉。宿州市西关步行街出土。

三彩注子

辽

高6.5、口径7.8、底径4.9厘米

敛口,唇加厚微凸,鼓腹,圈足外撇。唇下置短圆柱状流。胎体灰白,含砂粒。黄绿两种彩施半釉,釉线不齐,有流釉现象,器内底部施绿彩。半施化妆土。宿州市东二铺轮窑厂出土。

玩具一组

酱釉狗

宋

高7.5、长6.5、宽3.5厘米

大耳，微侧首，双眼直视，卷尾，呈站立状。胎色白中泛青，胎质细较疏松。半施釉，酱釉，釉层薄，玻璃质光泽。手工捏制而成，造型生动。

白釉狗

五代

高4.1、长4、宽2.5厘米

下耷双耳，微侧昂首，卷尾，呈站立状，双目凝视。胎色白中泛青，胎质细而疏松。半施釉，釉色白中泛青。造型生动活泼。

黑釉狗
宋
高6.5、长4.5、宽2.3厘米
大耳，侧首，卷尾，呈站立状。胎色白中泛青，胎质细较疏松。半施釉，黑釉，釉层薄而无光泽。手工捏制而成，造型生动。

白釉羊
宋
高6.8、长4.2、宽3厘米
后置双角，小耳，侧首，卷尾，呈站立状，双目斜视。胎质细较疏松，胎白中泛青，仅首部分点白釉。手工捏制而成，工艺技术高，造型生动活泼。宿州市西关少行街出土。

影青釉褐彩羊

宋

高6.5、长7.8厘米

羊形瓷塑。山羊，尖嘴，长角，短尾，蹄踞，造型生动，温顺安详。胎体洁白细腻。影青釉，有细小开片，羊身满釉，底无釉。褐彩修饰眼部、角、耳垂、尾部，颈部褐彩一圈于背上打花形结。羊身中空。宿州市西关步行街出土。

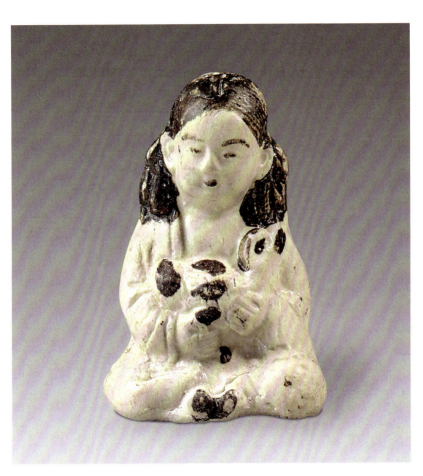

影青釉黑彩少女抱鸳鸯

宋

高5.6厘米

少女抱鸳鸯瓷塑。少女体态较丰盈,面部微胖,端庄秀丽,发髻塑造细致,双辫置于两侧耳后,五官表情自然生动,少女跪坐,两足在前,双手抱鸳鸯。胎体灰白细腻。影青釉,局部有细小开片,底无釉。黑彩修饰少女发髻、眉、眼、嘴、足部及鸳鸯眼部、头顶、嘴及背上局部。少女身体中空,底部有指纹捏塑痕迹。宿州市西关步行街出土。

259

玩具一组（黄牛、羊羔、提篮、鸭、水牛）

宋

黄牛　高4.9、长4.3厘米

大眼、大嘴，角上翘，短尾，四足袋形。通体施化妆土，胎体灰褐。酱黄釉，足及腹部无釉。

水牛　高3、长4.2厘米

大眼、大嘴，两角后弯，角扁而长，短尾，四足间距大，似浮水中。胎体灰褐。黑釉，玻璃质感较强，足及腹部无釉。

羊羔　高3.1、长4.2厘米

双角弯垂，后足后伸，前足伏地，趴于地面，温顺可爱。胎体灰褐。白釉，釉厚处泛青。

鸭　高3.8、长5厘米

似在水面游泳，鸭头昂起。胎体灰褐。青黄釉，背上半施釉，腹部无釉。

提篮　高3.8、口径3.6、底径2.5厘米

敛口，溜肩，鼓腹，平底。口沿上条状提梁。灰胎较细腻。青绿釉，器外施釉不及底。

均为萧县白土镇萧窑出土。

青绿釉狗

宋

高6.3、长4.2厘米

瓷塑狗，头歪向一侧，大耳，长嘴张开，眼窝深陷，四足较长，叉开站立，长尾向上卷曲至背部。狗塑造极具张力，似闻犬吠。胎体青灰，较细腻。青绿釉，施半釉，四足及腹部无釉。宿州市西关步行街出土。

陶瓷器

影青釉缠枝牡丹葵花形粉盒盖

宋

高2、直径8.2厘米

葵花形粉盒盖，盖顶微弧鼓起，印缠枝牡丹，外围三层葵花细线条，盒盖中部凸起一圈细线。胎体洁白细腻致密。影青釉，外部满釉，盖内底部有釉，釉质莹润、透明，玻璃质感强，有细小气泡。宿州市西关步行街出土。

绞胎丸

宋

直径5.5厘米

圆球状，形制规整，浑圆。灰、褐两种胎土绞胎，线条白然变幻流畅。无釉。宿州市西关步行街出土。

白釉珍珠地花卉纹钵

北宋（960～1127年）

高6、口径11.55、底径7.5厘米

敛口，鼓腹，圆形平底。外腹壁釉下刻划圆圈、斜条、花卉，形成凸起的珍珠地。胎壁较薄，质坚且细，白釉泛黄。

青釉宝相花纹圈足碗

宋

高4.6、口径13、底径5.3厘米

敞口，尖圆唇，斜弧腹内收，圈足微外撇。胎体青色，细腻致密。青釉，器内满釉，器外施釉不及底，釉线不齐，釉质莹润均匀。器内底印花，圆圈内有宝相花、小乳丁纹。宿州市东四铺出土。

上白釉下褐釉墨书"八仙馆"四系瓶

宋

高26.9、口沿5.3、底径7厘米

小口，卷沿，短颈，溜肩，长弧腹，内圈足，底心微凹。颈肩部竖装四系。灰胎，较细。白釉施于器内口沿部，器外施至上腹部，下腹部施褐釉，底无釉。肩部至上腹部墨书行草"八仙馆"。萧县白土镇萧窑出土。

米白釉圈足瓜棱形罐

宋

高9.2、口径10.3、腹径13.1、底径5.8厘米

敞口，扁圆唇微侈，溜肩，十六瓜棱形鼓腹，圈足。胎体青灰，较细腻。米白釉，釉厚处泛黄，有小开片，釉薄温润，器内外施釉不及底，釉线不齐。满施化妆土。宿州市西关步行街出土。

影青釉双麒麟座枕

宋

高11.8、枕面宽11.7、底面宽9厘米

枕面两侧上翘，近不规则长方形，一角菱花形，枕面上有几何纹印花。枕底面为近椭圆形，中有椭圆形孔洞，枕座中空。枕座为两个麒麟瓷塑，塑形细腻，栩栩如生。胎体洁白细腻，较厚重。影青釉，釉质莹润均匀。灵璧县城出土。

影青釉春燕双子粉盒盖

宋
高2.8、通长8.6、单子直径4.2厘米
两圆形盒盖联结，盖顶微弧鼓起，盖顶上瓷塑春燕、缠枝花蕾，春燕剪尾，
双翅展开，塑造细腻。胎体洁白细致。影青釉，釉厚处发青，满釉，釉质莹
润。宿州市西关步行街出土。

影青釉花口瓶

北宋

高12.5、口径11.7、底径4.8厘米

花口，短径，瓜棱鼓腹，小底圈足。通体满施青白釉，釉面开片，釉质纯而
玉透。器形别致。是北宋景德窑瓷器中的珍品。宿州市西关步行街出土。

陶
瓷
器

青绿釉瓶

宋

高33、口沿7.5、底径8.8厘米

小口，卷沿，溜肩，长弧腹，上腹部鼓，平底微凹。胎体灰褐，含砂粒。青
绿釉，器内满釉，器外施釉不及底，有流釉现象，釉发色匀。唇上饰一圈白
釉，有极强的装饰效果。萧县白土镇萧窑出土。

天蓝釉瓷坛

宋

高29.3、口沿18.2、底径13厘米

敛口，圆唇，鼓腹，平底。胎体褐色，胎质较细。天蓝釉，器外满釉，釉不匀，发色不一致，下腹部呈黄褐色，口沿白釉。器壁厚薄均匀，腹大底小，造型规整优美，别具一格。萧县白土镇萧窑出土。

说唱瓷塑

宋

高8.1、宽3.7厘米

温文尔雅的书生手持排板，正在说唱，其表情刻画连额头上皱纹都清晰可见。人物盘腿而坐，一手持快板，一手置于膝上，着绣花锦袍，戴高冠圆帽，身后依罗伞靠背。制作考究，刻画细腻，小到衣物纹理、褶皱、花纹都非常清晰。靠背高冠上方阴刻三行共九个字。宿州市西关步行街出土。

青釉印花碗

北宋

高7.3、口径20、底径5.5厘米

敞口，斜直腹，小圈足。内壁腹印旋轮式缠枝菊花纹，纹饰疏密匀称，属
典型的耀州窑印花瓷器。胎呈浅灰色，圈足周围有姜黄色斑块。宿州市西
关步行街出土。

影青釉点褐彩枕

宋

高10、长15、宽8厘米

上大底小，截面呈梯形，枕面下凹呈弧形，两头上翘，长方形平底。影青
釉，底无釉，枕体褐色点彩。

米白釉浅浮雕塔砖

宋

高6、长14、宽7.3厘米

近长方体砖，侧面一头浅浮雕三层宝刹顶塔。胎体灰褐，含粗细砂粒，厚重。施米白釉，局部有细小开片，玻璃质感较强。萧县白土镇萧窑出土。

酱釉佛龛砖

宋

通高12.4、砖高6.5厘米，顶面长15.7、宽15厘米，底面长
15.6、宽8厘米

砖为不规则长方形，顶面比底面长，一边圆弧，侧面一边呈弧线。不规则一
面贴塑浮雕，圆拱下，中间佛像一尊正坐于莲花宝座上，两侧分上下各置两
尊小佛像，下部的双手合十。胎体灰褐，含粗细砂粒，厚重。浮雕一面施酱
釉，釉薄处泛黄。萧县白土镇萧窑出土。

黄釉佛龛密檐塔

宋

高11、底边长4厘米

下部为佛龛，四面均为倒等腰梯形，拱形门内正坐佛像一尊。其上部为五重密檐塔，塔顶残。塔身下部侧面有小圆孔，底部方形，中有大圆孔。塔体中空。胎体灰褐，含细砂。器外通体黄釉，釉薄，胎釉结合不牢。萧县白土镇萧窑出土。

陶瓷器

黑釉鹅形哨

宋

高4.2、长4.2厘米

长颈，鼓腹，短剪尾。背部一侧单孔稍大，另一侧有二孔稍小，能吹出哨音。胎体灰白，较细腻。黑釉，施半釉，自尾部至颈部斜线以上施釉。宿州市西关步行街出土。

箕形澄泥砚

宋

高2.8、长13.1、宽9.4、足高1.7、足距6厘米

砚呈箕形，砚面近似长圆形，边缘高，中间凹，形成砚窝：一头略宽，为直边，另一头圆弧状；砚底呈弧状；两楔形足置于直边侧，使直边侧略高。灰褐色，陶洗加工精细，陶质细腻，坚硬致密。器形规整。

砖塑（匙、镵斗、剪刀）

宋

长28、宽13.5、厚4厘米

均为长方形青砖，正面中间分别浅浮雕匙、镵斗、剪刀的平面形
象，作为墓壁装饰用。宿州市符离镇王楼宋墓出土。

酱釉、白釉褐彩 "风花雪月" 四系瓶

金

高25.6、口径4.2、腹径13.1、底径8.4厘米

小口，卷沿，短颈，溜肩，长弧腹，圈足。颈肩部竖装四系。胎体青灰，较细腻。口沿及颈、系上部施酱釉，其下至上腹部施白釉，釉线不齐，下腹至底施酱釉，器外满釉，器内口沿酱釉，颈部白釉。肩部褐彩两圈，上腹部褐彩自右向左书写 "风花雪月" 四字，行草，流畅洒脱。宿州市小隅口北路东出土。

白釉缠枝花叶云凤纹广口直领罐

元

高27.8、口径17.1、腹径28.6、底径12厘米

广口，短直领，溜肩，鼓腹，内圈足底。胎体灰白，厚重。白釉，施化妆土，器底无釉，釉面乳浊，有微小气泡。肩部褐彩绘地，呈白釉缠枝花叶纹，腹部至底褐彩绘画，主体纹饰为凤鸟纹，间以云纹、缠枝花卉。灵璧县招待所出土。

米白釉将军盖罐

元

高14.5、口径5.7、腹径10.7、底径6.2厘米

盖圆柱形纽，圆形平顶，底外撇。罐体小口，直领，平肩，鼓腹，内圈足底。胎体灰褐，较厚重。圈足有五个支烧痕。器外米白釉，圈足底无釉，器内施黄褐釉，米白釉厚处泛青，有砂眼。灵璧县龙车山北出土。

陶瓷器

283

"大明成化年制"款青花麒麟纹碟

明

高2.4、口径9.4、底径4.4厘米

敞口，口沿微外撇，弧腹内收，浅圈足。白釉，足露胎，胎体洁白细腻透明，釉质莹润均匀。青花浑散，器内口沿细线两圈，青花绘麒麟、绣球、福云纹。外底青花楷书"大明成化年制"款。萧县张庄寨出土。

"大明成化年制"款青花深腹碟

明

高3.6、口径11.2、底径5.4厘米

敞口，深弧腹，浅圈足。白釉，足露胎，釉质莹润均匀。青花浑散，器内口沿细线一圈，青花绘远山、小桥、行人、树木。构图简约流畅，技法精湛。外底青花楷书"大明成化年制"款。胎体洁白细腻透明。萧县张庄寨出土。

陶瓷器

"大明成化年制"款青花宽折沿碟

明

高2.1、口径9.1、底径4.5厘米

敞口，宽折沿，浅弧腹，浅圈足。白釉，足露胎，胎体洁白细腻轻巧透明，釉质莹润均匀。青花浑散，器内口沿勾连云纹，上一圈细线，下两圈细线；内底两圈细线，其内绘松枝、草、鹿；器外口沿青花粗线一圈，底两圈，折沿对称两组水草。外底青花楷书"大明成化年制"款。萧县张庄寨出土。

青花碗

明

高4.9、口径9.8、底径4.3厘米

敞口，口沿外撇，直腹、下部微弧，环形底内凹。白釉，底露胎，胎体洁白
细腻，釉质莹润均匀。青花浑散，口沿及底部有细线两圈，腹部四组螭、鸟
纹。萧县张庄寨出土。

陶瓷器

霁红釉鸡心瓶

明

高35、口沿5.1、底径14.8厘米

小口，长颈，溜肩，鼓腹。圈足，外高2.5、内高1.5厘米。鸡心状。霁红
釉，器外满釉，发色自然，似玛瑙，莹润均匀；器内及器底施白釉，有小开
片，玻璃质感强。胎体洁白细腻致密。萧县庄里乡出土。

后　记

　　2005年下半年，宿州市政府主要负责同志指示我们，要编一本全面反映宿州文物方面的书，并要求这本书既是文物工作者的一本专著，又要增加可读性，为广大群众及文物爱好者所接受。

　　应该讲这是一个艰巨的任务，从1949年3月宿县专区成立到1999年成立宿州市，直到现在还没有一本完整介绍宿州市文物的资料。目前宿州市已有国家级文物保护单位1处、省级文物保护单位15处，县级文物保护单位67处，馆藏文物15000多件。在这数量众多的资料中形成这样一本书绝非易事。

　　接受任务后，我们和宿州文物所的同志们在一个多月的时间内，很快拿出了《宿州文物》的提纲，将这个提纲在广泛征求了宿州市包括各县、区文物专家的意见，并作了进一步的修改后，就开始了《宿州文物》的编撰工作。

　　十分感谢市文物所的全体工作人员，当时正是宿州华电工地文物勘探、挖掘工作最繁忙的时刻，也是隋唐大运河刚开始发掘之时，文物所的同志们白天要冒着酷暑，战斗在施工工地上，晚上还要拖着疲倦的身体，挑灯夜战，整理、撰写自己负责的那一部分文稿。初稿出来后，又经过了集体讨论、专家评议、继续修改三道程序，每道程序都凝聚了辛勤的劳动和汗水。

　　感谢国家文物局原副局长马自树先生在百忙中为本书撰

写了序言。

还要十分感谢萧县博物馆苏肇平馆长，灵璧文物所刘学所长，泗县文物所刘晓春所长，砀山县文物所姚百栋、徐德平所长，他们提供了大量的资料，又分担了他们应写的那部分文稿。拂晓报社武正润同志为拍摄文物照片作出了辛苦的努力，在此一并表示感谢。

市委、市政府的有关领导都时刻关注着这本书，他们对这本书的编撰经常提出指导性的意见；书稿初步形成后，他们又对这本书的修改、照片处理、装帧提出了具体的要求。

尤其要感谢的是海涛、高正文、侯四明三位同志，这本书的最后统稿、润色是由他们三位老师完成的，当时正是元旦、春节期间，为了在规定的时间内交稿，他们放弃了春节与家人团聚欢度节日的时间，加班加点赶写书稿。初稿形成之后，他们三位老师根据汇总上来的修改意见，又作了较大幅度的修改。

《宿州文物》一书，引用的资料、图片繁多，是集体劳动的成果，在这里无法一一注明出处和作者，在此谨向他们表示衷心的感谢。

由于我们水平有限，书中难免出现疏漏和错讹之处，恳请专家、读者批评指正。

鞠树超

2007年8月28日